伊莎多拉·邓肯

Isadora
Duncan

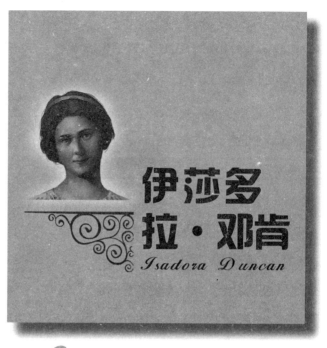

伊莎多拉·邓肯

Isadora Duncan

皮波人物国际名人研究中心 编著

国际文化出版公司

·北京·

图书在版编目（CIP）数据

伊莎多拉·邓肯/皮波人物国际名人研究中心编著. —北京：国际文化出版公司，2012.11

（名人传记丛书）

ISBN 978-7-5125-0424-0

Ⅰ.①伊… Ⅱ.①皮… Ⅲ.①邓肯，I.(1877～1927)—传记 Ⅳ.①K837.125.76

中国版本图书馆CIP数据核字（2012）第199511号

名人传记丛书·伊莎多拉·邓肯

作　　者	皮波人物国际名人研究中心 编著
责任编辑	张娓莹
统筹监制	葛宏峰 刘　毅 任立雍
策划编辑	周　贺
美术编辑	丁鍨煜
出版发行	国际文化出版公司
经　　销	国文润华文化传媒（北京）有限责任公司
印　　刷	三河市嵩川印刷有限公司
开　　本	700毫米×1000毫米　　　16开
	13印张　　　　　　117千字
版　　次	2012年11月第1版
	2020年9月第2次印刷
书　　号	ISBN 978-7-5125-0424-0
定　　价	32.50元

国际文化出版公司

北京朝阳区东土城路乙9号　　邮编：100013

总编室：（010）64270995　　传真：（010）64271499

销售热线：（010）64271187　64279032

传真：（010）84257656

E-mail：icpc@95777.sina.net

http://www.sinoread.com

目录

目录

目录

目录

父亲·母亲·童年

海边的故乡

　　伊莎多拉·邓肯是美国著名的舞蹈家，是第一个披头赤脚站在舞台上表演的舞者，被尊为世界现代舞的先驱人物。她在舞台上拥有光芒四射的美丽，现在让我们沿着她生命的足迹，一点一点地探寻她的一切。

　　1878 年 5 月 27 日，伊莎多拉·邓肯出生在美国的旧金山市，城市西面一望无际的大海是邓肯一生都无法忘怀的景

旧金山海岸风光

象，她对于舞蹈动作的第一个灵感，就是来自于海浪的启示。

据说在邓肯还是个婴儿的时候，她被放在桌上的婴儿托篮里，家人将音乐打开，只要听到乐声，她一定会马上手舞足蹈起来，这曾经是家人和朋友欢乐的来源。

邓肯幼年时，家境十分穷困。她的母亲没有能力请管家或仆人来照顾小孩，所以邓肯在上学之前一直过着无拘无束的自然的生活。这塑造了她纯真的性格，并一直保持多年。

邓肯五岁时开始上公立学校，她的母亲是一位音乐家，以教音乐为生，必须时常到学生家里去上课，因此她经常整天不在家，晚上也很晚回来。邓肯的生活并没有因为上学有太多的改变，只是自由的时间减少了。放学后，她经常悠哉地在海边徘徊，做自己想做的事。

多年以后，邓肯回忆她的童年时，印象里总是有一些打扮得整整齐齐，被管家看得紧紧的小孩对着邓肯和她的哥哥们露出羡慕的表情。她很庆幸自己拥有一段无拘无束的童年生活，她很少被禁止做什么事。这对于当时的小孩子来说，无疑是幸运的事情。

邓肯的母亲生长在一个爱尔兰天主教的家庭里，也是一个十分虔诚的天主教徒。但是她却不像当时的大多数女子一样，柔顺而懦弱，她在发觉自己的丈夫不是她想象中的那样完美时，毅然离婚，带着四个小孩独自生活。从那时候开始，她对天主教的信仰产生动摇,她开始追随英格索的无神论调，她的孩子们也受到了一些影响。

当邓肯还是一个孩子时，母亲便对她揭示了圣诞老人的神秘。后来，邓肯五六岁的时候，她的学校举行圣诞节庆祝会，老师一边分糖果、蛋糕，一边说着："看啊，小朋友们，圣诞老公公替你们带来了什么礼物？"小邓肯严肃地站起来说："我不相信你，世界上根本没有圣诞老人。"然后她走到教室的前面，对着全班同学发表她生平第一次著名的演说，她说："我不相信这种谎言，根本没有圣诞老人！"老师很生气，剥夺了她得到圣诞节糖果的权利，并把邓肯拉到角落罚站，邓肯依然不改口。

　　老师没有办法，只能把邓肯送回家。这件事对邓肯幼小的心灵造成了很大伤害。年幼的她非常不明白自己不过是说了实话，为什么会被剥夺了糖果又遭到处罚。当她回到家把这件事告诉母亲时，她问母亲："我做错了吗？的确没有圣诞老人，不是吗？"母亲回答说："世界上并没有圣诞老人，也没有上帝，只有你自己的心灵能帮助你。"

　　邓肯成年后回忆起在公立学校的这段经历时，说："我一直认为学校的一般教育，对儿童们并没有用处。"事实上，邓肯受到的教育完全来自于她的母亲，母亲每天晚上都会为她和哥哥们弹奏贝多芬、舒伯特、莫扎特、肖邦的曲子，或是高声朗诵莎士比亚、雪莱、济慈的诗句，那是小邓肯一天中最美好的时光。邓肯六岁时，学校校庆，她朗诵了一首诗，令听众震惊不已。幼年的生活一直在漂泊不定中度过，邓肯家时常因为付不出房租而不断搬家。有一次，老师要求每个学生写一篇自述，她的自述便是不断地重复搬家和记街名。但是这样贫穷的生活却没有让邓肯觉得受到了什么伤害，相反，她认为这一切都是理所当然的。倒是对公立学校，邓肯似乎有种深恶痛绝的情感。在她的观念里，公立学校的教学方法是"填鸭式"的，总是很残忍地硬塞给学生一些他们无法理解的东西。邓肯一直都在反抗着这种教育制度。

邓肯六岁时，召集了邻近六七个刚刚会走路的小孩，成立了自己的舞蹈学校。母亲对她的想法和行为表示支持，甚至在邓肯教这些孩子跳舞的时候，会弹钢琴为她们伴奏。不久，这个小小的舞蹈学校竟然越来越受欢迎。邻近的很多女孩都加入进来，她们的父母还付给邓肯一点学费，这便是邓肯舞蹈事业的开端。

四年后，这个舞蹈学校的人数已经相当多，邓肯开始暗示母亲希望辍学专业从事舞蹈行业。她常常把头发挽起来，谎称自己已经 16 岁。没过多久，寄养在祖母家的姐姐也回来加入了邓肯的这项事业。姐妹俩慢慢变得忙碌起来，不断地被要求到旧金山有钱人的家里教他们的孩子跳舞。

关于父亲

关于邓肯的父亲，我们前面提到过，他在邓肯还在襁褓之中时就和邓肯的母亲离婚了。邓肯对父亲的形象也曾有过疑问，可是姨妈告诉她："你的父亲是一个魔鬼，他毁掉了你母亲的一生。"从此，邓肯再也没有问过关于父亲的事情。当学校里其他小朋友谈论到自己的父亲时，她只好默不出声。

邓肯七岁时，见到了她的父亲，那是个极为英俊的男子，根本不像姨妈说的魔鬼。邓肯对他并没有太多的恨意，但是母亲显然不能平和地面对他，将他赶出了家门。于是父女的第一次见面是在散步中度过的。父亲还带邓肯去吃冰淇淋，所有的一切使得邓肯对他的印象非常好。但是家人们不肯见他，所以不久之后，他就回到洛杉矶的另一个家去了。

这之后很久，邓肯没有再见过父亲。几年后，据说父亲做生意发了财，他送给邓肯一家一栋漂亮的房子。他们终于过了好几年舒服日子，不用再搬来搬去了。

不管邓肯对父亲抱着怎样的感情，父母之间的婚姻悲剧很早就根植在她心中，并且影响了她的一生。似乎从那时开始，结婚这个可怕的字眼就像一个悲哀的标志，深深地烙在她的脑海里。

后来，邓肯读了很多小说，其中一部描写一个未婚母亲种种困境的作品，令她印象深刻。她深为女人遭到的不公平待遇抱屈。这是后来邓肯终其一生努力对抗婚姻制度，并且支持妇女解放的萌芽。

初恋

邓肯离开学校后，阅读的欲望开始日渐强烈。她经常去奥克兰的一家公立图书馆。

那段时期，她读遍狄更斯、莎士比亚和其他数以千计的小说。除此之外，她也读一些无聊、低级的书，她对书本向来抱着来者不拒的态度。后来，她开始写小说，同时还编了一份报纸，自己动笔独揽社论、地方新闻和一些短篇小说的撰写。

1889年，邓肯11岁。她和姐姐的舞蹈学校已经小有名气。除了小朋友外，她们还收了一些年纪较大的学生，邓肯的姐姐教他们交际舞。在这一群学生中，有一个是药剂师，他叫维农。这是一个非常惹眼的男孩子，邓肯爱上了他。小女孩青涩的爱恋总是如此动人而惹人怜惜，邓肯那时经常故意绕好远的路，只为了能经过维农工作的药店。有时候，她也会鼓起勇气走进店里，羞涩地问："你好吗？"夜晚，她还会从家里溜出来，只为了看看他窗子里透出来的灯光。这种单纯的暗恋持续了两年之久，直到维农宣布要和当地的一个女子结婚。邓肯很伤心，她将自己的情绪发泄在为他写了两年的日记上，维农结婚以后，邓肯没有再见过他。

很多年之后，邓肯在旧金山演出，有一位头发花白，但长得很好看的男士走进她的化妆室。她一眼就认出，那是维农。久未谋面的两个人开始回忆年少时的往事，邓肯终于将自己多年前的暗恋告诉他，可是维农似乎并不感到惊奇。维农也告诉邓肯一些关于他太太的事，他的太太一直都是最初娶的那位平凡的女子，许多年过去了，他们的感情似乎没有变质。这样单纯地过一辈子，想来邓肯有时候也是十分羡慕的吧。

叛逆和独立

当时，美国正是清教徒盛行的年代，他们将一些并不适合当时社会的保守陈旧的教义散布到美洲大陆的每一个角落，利用它来控制人心，也驯服自己的心灵。在邓肯看来，清教徒的教义没有多少可取的地方，尤其是他们不断宣扬的克制和禁欲，也给他们自己造成了很大的伤害，可惜他们并不觉得。

邓肯从儿童时期就开始反抗清教徒的压制，她不能理解和接受当时的人说："我宁愿看女儿死掉，也不愿看到她在台上表演。"

　　邓肯一家搬到父亲送的房子里之后，哥哥奥古斯汀在谷仓里开设了一个剧场。他将客厅里的毛毯剪下一小块，贴在嘴上当胡子，然后模仿一些人的表演。邓肯坐在观众席上被感动得流出眼泪。他们将情绪完全融入剧中，任何事情都无法打扰到他们。

　　兄妹二人的小剧场逐渐扩展，在附近地区变得很有名气。后来姐姐伊丽莎白和另一个哥哥雷蒙德也加入进来。四个人开始一起表演一些喜剧。这时候，邓肯只有12岁，她的哥哥姐姐们也都是十几岁。随后，他们又到滨海地区演出，并且很受欢迎。

　　邓肯的幼年生活似乎是由多层次的叛逆因子所组成，她反抗社会的局囿、生活的限制，她一直期望快点长大，离开家乡到美国东部去寻找她的梦想。

　　同时，邓肯贫苦的幼年生活还培养了她独立的性格。当家里没有任何食物时，她经常自告奋勇地前往屠夫那里，运用技巧让他免费送一些羊肉片。有时候还会到面包师傅那里，怂恿他继续允许赊账。这些幼年时候的经验对邓肯的一生都有很大帮助，后来她便是运用这些去对付那些苛刻的经理们。

　　有一次，母亲的编织物被商店退还，一家人面临着身无分文的窘境。邓肯拿过装编织物的篮子，在头上系了一条母亲织的头巾，手上戴着一副她织的手套，挨家挨户去寻求买主。结果她把所有的织品都卖掉了，而且得到了比商店多两倍的报酬。

多年之后，邓肯回忆起幼年这些贫苦的生活时，觉得这是一笔巨大的财富。她在自传中写道："当我听到某些父亲说，他们正努力工作替孩子们存一些钱时，我真怀疑他们是否了解，如果他们如此做，将会剥夺掉他们孩子的求生能力。他们遗留越多钱给孩子，就会令小孩变得越懦弱。给孩子们最好的继承品，莫过于允许他们独立地去创造自己的生活方式，依赖自己的双手过活。"

邓肯和姐姐的舞蹈班声名一天比一天大，她们自称所教的舞蹈属于一种新体系，事实上根本没有什么体系。邓肯都是随着自己奇妙的感觉，或脑中美好的形象，即兴编舞教给学生。母亲曾经把邓肯送到旧金山一位著名的芭蕾舞老师那里去习舞，然而，邓肯对那位老师的教法很不满意。她认为芭蕾舞那种把脚尖踮起来的跳舞方法不但很丑而且违反自然。邓肯毅然退出了这个舞蹈班，并且再也不曾回去过。

起航

芝加哥的困境

　　1895 年，邓肯 17 岁。她深感在旧金山的生活已经毫无前途，教一些孩子跳舞远不是她对舞蹈事业的最终追求。

　　6 月，她终于说服了家人，与母亲前往芝加哥寻求前途。芝加哥舞蹈团的经理们对邓肯的舞蹈并不感兴趣，他们认为那不适合在剧院里演出。

　　几个星期后，所有的钱都用光了，她们付不出房租，流落街头。邓肯卖掉了一件她十分喜爱的舞衣，终于可以再租一个房间。还剩一点钱，邓肯用它买了一箱番茄，那之后的一个星期里，她和母亲就靠这一箱番茄为生。极度的困境使得邓肯不得不暂时放弃舞蹈家的梦想，转而去寻找任何她能做的能够维持生活的工作。可是，她还是到处碰壁，很多人认为她除了跳舞什么都不能做。

　　无奈之下，邓肯只好违背自己的理想做一些娱乐大众的演出，这使得她们可以暂时免于饥饿，但是却让邓肯非常痛苦。

　　在芝加哥的这个夏天，被邓肯认为是自己一生中许多痛苦的插曲的一部分。此后很长一段时间，邓肯每次看到芝加哥的街景，就忍不住想起这个夏天酷暑下难耐的饥饿。虽然有这么多痛苦的经验，但坚忍的母亲始终没有提出回到旧金山的想法。

有一天，邓肯意外地结识了一个群体，他们自称是"波希米亚人"。

这是一个相当奇怪的组合，里头有诗人、艺术家和各种国籍的演员。他们看起来只有一点比较寻常，就是大部分人身无分文。

在这些人中有一个叫米诺斯基的波兰人，他 45 岁左右，有一头蓬乱又松卷的红发，蓄着红胡子，一对炯炯有神的蓝眼睛，是个诗人也是个画家。他是这一群人当中唯一能了解邓肯的舞蹈，并深知其中含意的人。

米诺斯基认识邓肯之后，经常邀请邓肯和她母亲出去吃饭，有时也带她们乘车去乡下的森林中野餐。在邓肯眼中，他是一个相当独特而有魅力的男人。他们相爱了。

追梦纽约

夏天过去了，邓肯认为留在芝加哥已经没有什么发展的余地，便决定动身前往纽约。这时，刚好有一个很好的机会，奥古斯汀·戴里带着他的剧团和巨星艾达·雷安正在芝加哥演出。邓肯决定去拜会这个闻名遐迩的剧院经理。经过一番努力，她终于得到了与戴里见面的机会。

这第一次的见面，邓肯鼓起勇气，发表了一番很长又颇有见地的演说。它的主要内容是宣扬自己推崇的舞蹈。戴里并不能完全理解她，但是他决定给这个勇敢的女孩一个机会。他的剧院将在纽约演出一场哑剧，如果邓肯能在10月参加预演，并表现出色的话，他会考虑雇用邓肯。

邓肯十分兴奋能有这样的机会，马上回家把这个消息告诉了母亲，母亲自然也很高兴，但她们还有一个难题：她们没有钱买车票。

邓肯拍了一份电报给一位在旧金山的朋友，希望能从那里筹到旅费。很幸运的是，这位朋友没有让她失望，与旅费一起来的还有邓肯的姐姐伊丽莎白和哥哥奥古斯汀，一行四人准备搭火车前往纽约。

在这之前，米诺斯基提出了分手，他不能忍受这种两地分离的爱情。邓肯答应只要在纽约赚到钱，他们就结婚。这时候的邓肯还没有充分建立为保证自由恋爱而奋斗的观念，当然，她也不是有多信任婚姻，而是觉得有必要以结婚让母亲欣慰一下。

邓肯对纽约的印象很好，她觉得纽约比芝加哥更漂亮，更富有文化气质。

邓肯的第一次哑剧预演失败了。她本来就没有把哑剧当是一门艺术，表演中还要和一个爱耍大牌的哑剧明星简·梅互相配合。据邓肯的回忆录中说，简·梅是一个暴躁的女人，常常发脾气。在排练中，她因剧情需要要亲吻简·梅，不小心把唇印印在了简·梅的脸上，简·梅直接动手打了邓肯一巴掌。

演出这一天，邓肯很不开心，她一直想改革艺术，然后把自己的东西呈现给这个世界，如今却失去自我，如此矫揉造作。邓肯的母亲当时坐在第一排观看她的演出，她看得出母亲非常失望。

那段时间，邓肯依然为了钱而发愁，她们被撵出租住的公寓；她没有钱买车票，常常步行去排练场；她没有钱吃午饭，所有人都在用餐的时候，她就躲起来睡午觉，用这样的方法忘记饥饿。这出哑剧公演后的一个星期，邓肯才拿到报酬。

三个星期后，剧团开始巡回演出，邓肯终于有了固定的薪水。通常，她只留下一半支付生活费用，另一半则送回家给母亲。每次，剧团到某个地方演出时，邓肯从不像其他同事那样住进旅馆，她总是提着行李四处寻找便宜的小旅社。有一次，旅社给了她一间无法上锁的房间，那家旅社里住着一些醉鬼，他们三番五次想撞进邓肯的房间。邓肯非常害怕，用衣橱顶住房门，一整夜都没敢合眼。

巡回演出的这些日子里，唯一能让邓肯开心一点的事情就是她随身带着的那些书以及她和米诺斯基的通信，在信中，邓肯并没有告诉他旅途中的这些挫折。

忧郁的仙女

　　两个月的巡回演出后，剧团返回纽约。邓肯尝试着引起戴里对她的舞蹈的兴趣，可是戴里一副漠不关心的样子。他打算排演《仲夏夜之梦》，提出可以让邓肯担任里面的仙女一角。邓肯对于这个角色并没有兴趣，但她还是答应了演出。只要能够站在舞台上，表现自己舞蹈的机会总是会有的。

　　《仲夏夜之梦》上演时，邓肯独自在舞台上跳舞，用她自己的方法表现着仙女的情绪和感情，她非常用心且卖力，观众们对此报以热烈的掌声。退场后，她以为戴里会微笑、祝贺，并终于理解她一直所坚持的舞蹈。但是出乎意料，戴里很愤怒，甚至暴跳如雷。在之后的演出中，每到邓肯的仙女上场时，舞台上的灯就会关掉很多，再没有人能看清这个舞者的演出，他们只是看见黑暗里一对白色的跃动着的翅膀。

　　两个星期后，剧团又开始了巡回演出，邓肯再度面临可怕的旅途，并且重新陷入了不安之中。唯一值得欣慰的是，她的薪水每周多了10美元。

　　这样周而复始的演出、巡演，邓肯在这样的生活里度过了一年。她非常不开心，她觉得自己的梦幻、理想、野心，全都被现实折磨得精疲力竭，总有一天会彻底化为乌有。

邓肯的特立独行使得她在剧团里没有什么朋友，唯一一个比较谈得来的女孩子叫温妮，在《仲夏夜之梦》中扮演皇后。那是个非常甜美且具有同情心的女孩，但是她有一个很奇怪的癖好：除了橘子，她不吃任何东西。几年后，邓肯收到消息，这个女孩死于恶性贫血。

剧团里的首席女演员是艾达·雷安，关于她在艺术上的成就和敬业程度，邓肯非常欣赏。但是，这位女演员日常生活中的骄傲和目中无人实在让她难以忍受。她总是很骄傲地将自己与大家隔离起来，以突显出她首席女演员的地位，她从不向剧团里的其他人问好。邓肯在这个剧团的两年里，从不曾和她有过愉快的谈话——她根本不把小演员看在眼里。有一次，戴里的其他工作人员让她等了一会儿，她竟然用手指着他们的头说："天哪，你们怎么可以让我在这里等候那些无名小卒！"作为无名小卒之一的邓肯，对于这种话自然十分的气愤。

《仲夏夜之梦》在巡回演出的过程中，经过芝加哥。邓肯非常欢喜地和米诺斯基重逢，那时正是夏天，只要是不需排演的日子，邓肯都和他一同到森林里去散步。九个星期后，邓肯必须随团起程回纽约，这次，米诺斯基提出同行的要求，并且希望他们可以在纽约举行婚礼。邓肯把这件事告诉了母亲和哥哥姐姐们，奥古斯汀对米诺斯基的身世做了一番调查，发现他在伦敦已有了一个太太。邓肯的母亲非常震惊，坚持要女儿和他分手。

天使的舞姿

这时，邓肯全家都搬到了纽约。他们设法找到一间舞室，没有摆放任何家具，这样才能保证有足够宽大的空间习舞。他们买了五张弹簧垫，在墙上挂满了帘子，白天将这些弹簧垫堆到帘子后面，晚上便直接睡在垫子上。伊丽莎白又开始在这间舞室里招收学生，就像以前在旧金山一样；奥古斯汀参加了一个剧团，很少在家，经常在巡回演出的路上；雷蒙德投身了新闻工作。为了筹措房租，他们将舞室租给一些教朗诵、音乐或歌唱的老师们，按小时收费。但是舞室仅有一个房间，所以当老师们上课时，这一家人就只能外出散步。

之后，戴里想公演一出歌剧，他要邓肯加入里头的一个四重唱。对于唱歌，邓肯着实没什么天赋，其他的三个人总是说邓肯破坏了他们的和声。后来演出的时候，邓肯带着甜蜜的笑容站在他们旁边，只对口形不发声。这是邓肯和戴里的最后一次合作。邓肯再不能忍受这样无聊的演出。她鼓起勇气主动提出辞职。

离开戴里的剧团之后，邓肯又恢复到之前的悲惨境遇。她穿上自己的舞衣，在伴奏下彻夜地跳舞。

那时候，邓肯很迷恋埃塞尔伯特的曲子，这是一位出生在 1862 年的美国作曲家。邓肯把他的一些曲子编成舞蹈。有一天，她正在练习，突然门被推开了，一个年轻人气急败坏地闯进来，仿佛捍卫他的尊严和自由一样捍卫着这些曲子，不允许邓肯将它们用作配舞的音乐。这个人就是埃塞尔伯特。

邓肯

然后，邓肯平和地劝说埃塞尔伯特坐下来看她跳舞。她将埃塞尔伯特曲子中的含义完全用舞蹈的肢体语言表现出来。当最后一个音符结束时，埃塞尔伯特迫不及待地跳起来，拥抱邓肯，他把邓肯的舞蹈称做"天使的舞姿"。他甚至即席为邓肯写了一首美丽的曲子，埃塞尔伯特称它为"春天"。告别时，埃塞尔伯特建议两人联合举办一次音乐会，他将亲自为邓肯伴奏。

接下来的日子里，埃塞尔伯特白天去安排音乐会的事宜，找场地、布置舞台等，晚上到舞室来和邓肯一起排演。邓肯对埃塞尔伯特的评价很高，她一直认为埃塞尔伯特具备成为一个伟大作曲家的任何条件，如果不是挣扎在恶劣的生活环境中，他很可能成为美国的肖邦。可惜，不间断的心灵与肉体上的自我挣扎使这位作曲家英年早逝。

第一次音乐会的演出获得了空前的成功，随后他们又加演了几场，在纽约造成很大轰动。如果那时候，他们很老练地去找一位优秀的经理，邓肯接下来的路可能会平坦很多，可惜当时只有19岁的邓肯并不懂得这些。

邓肯的第一批观众中，有许多贵妇，这一次成功的演出使邓肯有机会出入纽约许多上流家庭。

夏天，邓肯被一位贵族夫人邀请到新港的别墅里跳舞。母亲和伊丽莎白随她一同前去。这之后，邓肯经常在新港的其他别墅表演，但是这些贵妇人过着奢华尊贵如同女王一般的生活，却很会精打细算，邓肯差一点无法赚到足够的钱去付旅费和房租。她们观看邓肯的演出，却丝毫不能了解那些舞蹈中的含意。新港的这一系列演出给邓肯留下了失望的印象。她觉得那些新港人士俗不可耐，除了财富和权势，世界上再没有他们关心的东西，他们自称的对艺术的热爱也只不过是附庸风雅。

慢慢的，纽约的艺术氛围不足以满足邓肯了，她渴望有更广阔的空间，她想到了伦敦。

此时，伊丽莎白的舞蹈学校逐渐扩充，一家人只能再租两间地下室用来居住，三个房间每星期的房租要90美元，他们的银行户头很快出现了赤字。

后来在一次意外中，这三个房间所在的大楼失火，他们的一个邻居葬身火海。他们虽然都逃了出来，但是损失了所有的财富，包括珍贵的家族肖像。至此，一家人又恢复刚到纽约时的情形，身无分文，流离失所。

伦敦巡礼

夏末，奥古斯汀结束了他的巡回演出，回到纽约。与他一起回来的还有他 16 岁的女友，她是在扮演朱丽叶的时候和扮演罗密欧的奥古斯汀相识的。奥古斯汀一回来就宣布了两个人的婚讯，母亲不知道为什么对这桩婚事极为反对，伊丽莎白没有发表任何意见，雷蒙德好像也并不赞成他的做法。邓肯是家人中唯一对他表示同情的，奥古斯汀带邓肯到了他们居住的公寓，并告诉邓肯他们正在等待孩子的降生。

这样看来，一家人的伦敦计划中就不能算上奥古斯汀了。

秋天，伦敦计划被提上日程。邓肯开始四处筹措路费。她去求助那些曾邀请她跳舞的富家太太。

第一位太太听了邓肯一家的遭遇之后，显得十分同情，她开了一张支票给邓肯。邓肯千恩万谢，眼含泪水，跳跃着离开了她家。可是，支票上只有 50 美元，根本不足以维持一家人路上的开销。

邓肯又敲开了第二位太太的家门。那是一位千万富翁的太太，她疾言厉色地拒绝了邓肯的请求。之后又向她解释，如果她曾经学过芭蕾舞这种高雅的艺术，她可能会答应她。当时是下午四点，邓肯一天粒米未进，又受到如此的打击，她有点昏眩。这位太太似乎并不是那么没有同情心，她吩咐仆人为邓肯端来了一杯巧克力奶和一些吐司面包。邓肯仍试着说服她，希望获得资助。最后，这位拥有六千万财产的女主人递给邓肯一张支票，同样是 50 美元。

用同样的方式，邓肯又在纽约四处拜访有钱人家的太太。终于有一天，她筹够了 300 美元的旅费。为了能省下一些钱安排到伦敦之后的生活，一家人并没有乘普通汽船，而是找到了一艘开往赫尔的小型运牛船，船长很同情他们，答应载他们到英国。

秋日的一天清晨，一家四口带着他们唯一的一个手提包，踏上了新的旅程。一路上，他们的补给品只有咸牛肉和茶，这两种东西吃起来就像稻草一样。床非常硬，船舱很狭窄，食物的供应也不足，但是在航行至赫尔的两个星期中，他们却非常快乐，当然，除了那些令他们消沉的牛群呻吟声。

8 月的一天，他们在赫尔登陆，转换火车，经过几个小时，终于到达伦敦。租住的公寓有大理石材质的拱门。在伦敦的头几天，他们兴奋地搭乘巴士四处观光，陌生的美丽的景色使他们流连忘返，直到几个星期后，凶巴巴地来催租的女房东打碎了他们当观光客的美梦。

这个时候，他们身上只剩下不到半美元。下一步该怎样呢？

舞出绝望的深渊

　　很多年之后，邓肯的朋友都不相信她曾过过那样的生活，邓肯也觉得能够经受住那些挫折和磨难似乎有点不可思议。

　　那时，他们沿着伦敦的街头，漫无目的地行走，没有钱没有朋友也意味着那一夜不可能找到避身所。旅馆和公寓都拒绝接纳他们，所幸当时还不是冬季，他们在公园的冷板凳上过了一夜，还要不时防备警察出现赶他们走。

　　这种生活持续了三天，到第四天的黎明，邓肯用她小时候对付屠夫和面包师傅的方法，连骗再哄，在一家高级旅馆里住了一夜，并得到了充足的食物。然后，他们精神蓬勃地走在街上，准备重新面对这个世界。在一座老教堂的墓园旁，邓肯随手捡起一张报纸，上面的一段新闻改变了她的困境。上面写着有一位女士，在市中心买了一幢房子，准备大宴宾客。这位女士是在纽约时，邓肯的一位主顾。她忽然意识到，这是一个机会。

　　邓肯去见了那位女士，约定星期五到她家里来表演，她当场付给邓肯 10 英镑的订金。

邓肯拿这笔钱租了一间小舞室，那里没有床，他们席地而睡，很像是回到了在纽约的生活。

星期五的晚上，邓肯跳了好几支舞蹈，是埃塞尔伯特的曲子，母亲为她伴奏，伊丽莎白则朗诵一些诗歌。晚会很成功，女主人也很高兴。

英国人的教养和绅士风度给邓肯留下了深刻的印象，邓肯觉得这个城市会是她真正实现梦想的地方。因为当晚的表演中，邓肯光着脚，穿着凉鞋，披着薄纱，虽然这种装束日后在德国非常流行，但在当时还不能为主流社会所接受，英国人对此却没有表现出不满，他们很有礼貌。

这一晚之后，邓肯受到许多邀请，到很多庆祝场合参加演出。但是她获得的实质上的报酬却并不多，他们似乎觉得他们的头衔以及能给邓肯带来的声名就是最好的报酬。有一次，邓肯在一个慈善义演会上跳了四个小时的舞，获得的报酬是一位淑女名媛亲自倒的一杯茶。

这期间，邓肯收到芝加哥一位朋友的来信，信上说，米诺斯基自愿前往参加西班牙内战，驻扎在佛罗里达时不幸染上伤寒，不治身亡。这封信让邓肯十分震惊，

舞蹈中的邓肯

她无法相信这个消息是真的。后来，她在报纸上看到了阵亡名单，那里面有"米诺斯基"四个小小的字。

友人在信中还告诉了邓肯米诺斯基太太的名字和她在伦敦的住址。邓肯找时间去拜访了她。那是一个憔悴而衰老的女人，她在一家女子学校当老师，米诺斯基的去世让她十分悲伤。当她哭出来的时候，邓肯觉得她们已经成了朋友，那些之前一直存在的名为嫉妒的情绪似乎烟消云散了。

她们谈了很多关于米诺斯基的事情，邓肯忽然很佩服这个女人一直在大洋彼岸等着她丈夫的耐心。离开米诺斯基太太，回到家里之后，邓肯将原本放在枕头下的米诺斯基的相片和信件全部收进行李箱中一个密闭的袋子里。

9月底，伊丽莎白以前在纽约的学生家长寄来一封信和一笔旅费，他们希望伊丽莎白能返回纽约任教。一家人当时虽然已经在伦敦安顿下来，邓肯也在伦敦的艺术界小有名气，但是他们的经济状况一直很不乐观，所以，伊丽莎白决定回纽约寻找一些赚钱的机会。

10月之后，伦敦的天气开始又冷又湿，并且时常大雾弥漫。邓肯一家人只靠着便宜的汤水度日，这使他们的身体很虚弱，为了避免消耗过多的能量，他们不再外出，每天待在舞室里，裹着毯子，在临时做成的纸板上下棋。

还好没过多久，伊丽莎白的来信终于到了，里面还附了一张汇票。她在纽约的舞蹈班经营得很好。一家人放心之余，对未来又生出一些信心。

一个深冬和暖的夜晚，邓肯遇到了带给她转折的贵人。那是一位贵族夫人，她丈夫的姓氏是康柏尔。她在花园广场看到了邓肯和雷蒙德的舞蹈，之后邀请他们回家。她给了邓肯一封介绍信，要她去见温德汉夫人。温德汉夫人十分亲切和蔼，她欣赏邓肯的才华，安排邓肯在她的客厅里跳舞，并邀请了伦敦很多艺术家和文学家到场。在这些人当中，给邓肯留下最深印象的是查尔斯·哈尔，他是著名钢琴演奏家的儿子，当时差不多有 50 岁。后来，他经常邀请邓肯到他的画室喝茶，给她讲述一些画家的故事。哈尔还在一处小画廊为邓肯举行了一次表演。他邀请了自己的画家朋友和作曲家朋友为邓肯的舞蹈加上新的诠释。

　　这一次的演出非常成功，报纸争相报道此事，伦敦的每一个知名人士都想邀邓肯到家里饮茶。这段时间里，命运女神似乎一直在对邓肯微笑。

　　这之后，邓肯还为王子和国王表演了舞蹈，王子被优美的舞姿所吸引，夸赞邓肯是格恩斯柏拉笔下的美女。格恩斯柏拉是英国一位很有名的画家。这个称谓更使伦敦的社交圈为邓肯着迷。

　　这期间，邓肯还结识了一位年轻人，他的名字是道格拉斯·安斯利，他总是在黄昏时分来邓肯的舞室，为她朗诵济慈等人的诗歌。

　　亨利·欧文和艾伦·泰瑞也是邓肯这一时期结识的朋友。他们是当时伦敦著名的艺术家，邓肯曾经看过他们的演出。

　　就这样，她不断地接触到伦敦的艺术家们高尚的情操和聪颖的智慧。但是不知道为什么，邓肯虽然得到了很多艺术家的迷恋，剧院的经理们却仍然不接受她的作品，好像邓肯的艺术太流于形式，无法配合当时剧院的要求和观众的口味。

　　邓肯在舞蹈室和各种朋友之间度过了这个冬天。

未来的憧憬

巴黎博览会

1900 年春天，邓肯一家人抵达巴黎。

他们租到一间很便宜的工作室，但是还没为这幸运高兴几个小时，就发现这是一家夜间印刷厂的楼上，每到晚上，房子就会像地震似的猛烈晃动。这种情形实在令他们非常沮丧，但是邓肯说这好似海的声音，就当是住在海边吧。这样乐观的生活态度在之前和之后的无数次困境中，成为支撑一家人生活下去的希望。

初到巴黎，邓肯很兴奋，她花了很多时间在卢浮宫里。那时候，卢浮宫简直就是雷蒙德和邓肯两兄妹的乐园，他们每次都在卢浮宫关门时才离开。雷蒙德对希腊瓶饰很有兴趣，花了很多时间临摹卢浮宫中的希腊瓶饰。后来，这些作品被结集出版。

除了到卢浮宫外，兄妹二人还经常去圣母院及巴黎其他的博物馆参观。

很快，夏天来临了，盛大的巴黎博览会拉开了帷幕。有一天早上哈尔突然出现在邓肯的舞室，他来观赏博览会，并邀请邓肯一道。邓肯很高兴有这样一个向导，所以那段时间，她基本都是和哈尔在一起。她观看了日本悲剧舞蹈者雅伽的表演，欣赏了罗丹的雕塑，艺术修养有很大提高。

秋天，展览会结束，哈尔也必须回伦敦。临走前，他把自己的侄子查尔斯·罗佛拉介绍给邓肯认识。那是个 25 岁左右的年轻人，看起来有点散漫。

查尔斯·罗佛拉成了邓肯舞室的常客。有一天，他带了两个同伴到舞室来。其中一位长得很漂亮的年轻人叫雅克·比格尼斯，另一位年轻的作家叫安德鲁·博尼耶。在雅

罗丹最著名的雕塑作品——思想者

克的引荐下，一位著名雕刻家的妻子玛塞夫人邀请邓肯在晚上为她的朋友们跳舞。

在玛塞夫人家，邓肯遇到了当时著名的作曲家米沙格，他称赞邓肯的舞蹈是"令人愉快的""迷人的"。这一晚的演出，也包罗了巴黎的许多知名人士，当邓肯要离开时，获赠了许多花朵和恭维。

在三个护驾者查尔斯、雅克和安德鲁之间，和邓肯最亲密的既不是高大的查尔斯也不是长得很帅的雅克，而是个子矮小、脸色苍白的安德鲁。安德鲁几乎每天都到舞室看望邓肯，他为她朗诵一些法国文学作品。两个人之间的感情介于友情和爱情之间，很是暧昧，但是后来不知道为什么并没有进一步的发展。

之后的几年间，邓肯一直徘徊在爱情之外，她将自己的全部精神都投入到艺术工作上，在工作中又拾回了爱情上缺失的欢笑。

邓肯经常夜以继日地在舞室里练习，希望能借着动作为媒介表达出人类心灵上高尚的情操。这一时期，邓肯树立了她对艺术的基本观点，她认为舞蹈力量的源泉不仅仅是背部的脊椎骨，而是躯体的各个部分；灵魂的要素输入躯体的各部分，它自然地反映出精神的感觉。将邓肯的观点转化为文字似乎有点不太容易，这是太过抽象的理念。邓肯总是教导她的学生："用你们的灵魂来聆听，灵魂深处有一种伟大的力量呼唤着你舞蹈。"

在邓肯通往艺术殿堂的路上，一直陪着她从不放弃的是她的母亲。现在在巴黎的这个舞室里，冬冷夏热，而且还会漏雨，在条件如此艰难的情况下，母亲依然不离不弃，没有说过一句放弃的话。她是一个相当内敛而又肯自我牺牲的天使，她唯一的希望就是邓肯能够成功。

当时，巴黎的社交圈皇后格列佛尔夫人邀请邓肯到她的客厅跳舞，那里聚集了一群最时髦的人士，包括巴黎社交圈的所有名人们。格列佛尔夫人称邓肯为希腊艺术的复兴者。

雷梅尔夫人也曾请邓肯到她的舞室里跳舞，这是一次很愉快的经历。邓肯在这里碰到许多雕刻家，同时还遇到法国著名的女诗人诺拉。作家简·罗兰也出席了，并且写了一篇文章描述这一晚他得到的印象，这篇文章后来在杂志上发表，造成了不小的影响。

除了卢浮宫和国家图书馆外，邓肯发现了第三个令人着迷的地方——歌剧图书馆。图书馆管理员很乐于助人，他经常帮邓肯找出各种关于舞蹈的书籍，以及所有关于古希腊音乐和剧院艺术的著作。邓肯不停地阅读从古埃及到现代所有和舞蹈艺术有关的书，并且还将读过的书一一在笔记本上作批注。

有一天黄昏，有一名女士来敲舞室的门，她看起来非常显眼而且很有个性，她是格列佛尔夫人的朋友，同时也是波利拉王子妃。她说她和她的丈夫被邓肯的艺术所吸引，希望能帮助她实现理想。

她提议在她的音乐室里为邓肯举办一个音乐会。她似乎非常同情邓肯寒酸的舞室及她一家人贫困的生活，要离开时，她将两千法郎放在了桌上。

　　隔天下午，邓肯来到波利拉王子家。波利拉王子是一个很优秀又很有才华的音乐家。他非常喜欢邓肯的舞蹈，甚至赞许她是他渴望已久的梦中偶像。邓肯对于动作的解说，以及要复兴舞蹈艺术的理想似乎使他很感兴趣。但是，好景不长，他们的合作还没有开始展开，王子就因为意外身亡。

　　在王子家举行的音乐会相当成功，王子妃提出一个很慷慨的构想，将她的音乐室开放给大众进出，这样一来，除了她的朋友，还有更多的观众可以欣赏到邓肯的舞蹈。这次音乐会结束之后，邓肯也在自己的舞室里安排了好几次音乐会，观众人数虽然不多，但在扩大影响方面很有成果。

　　当时有人曾对邓肯和她的舞蹈做出这样的评价："伊莎多拉·邓肯的舞蹈将不再是一种余兴节目，它是个人内在的一种表现，是一种具有生命的艺术工作，它丰富的内容足以推动我们去完成自己预定的目标。"

执著于艺术

　　虽然邓肯已经具有知名度，而且许多有名的人士也很赏识她，但是她的经济状况仍然很不稳定，她经常为筹不出房租而苦恼。

有一天，一位衣着华丽的男士来拜访邓肯。他从柏林来，是柏林最大一间音乐厅的代表，他希望立刻和邓肯签订一份合同。邓肯一直希望剧院能够接受她的艺术，但是当邀请真的来了的时候，邓肯却像一只受了伤的蜗牛退回自己的蜗壳里一样拒绝了。因为这个男人告诉她，她将被冠以"世界第一位裸足舞蹈家"的头衔，这样的噱头是邓肯无法接受的。她的确在跳舞时披发赤足，但那是释放自己的表现，并不是一种宣传炒作的形式。

邓肯斩钉截铁地拒绝了这份报酬可观的合约。她说："我的艺术并不想在艺术厅表演，有一天我将到柏林去，我期待能配合音乐协会的交响乐团演出，并且是在音乐教堂举行而不是在充满杂耍和动物表演的地方。不！不论任何条件我都不答应。祝福你，再见！"

这个德国音乐厅的代表看到邓肯一家居住的环境，似乎不太相信自己的耳朵。第二天、第三天，他又来拜访邓肯，并且将报酬翻了一倍。邓肯依然没有答应，她说："我到欧洲来是想借着舞蹈将宗教的复兴表达出来，同时借着动作传达给人们至美和神圣的意义，我绝不成为那些脑满肠肥的资产阶级们晚餐后的余兴。有一天我会到柏林去，我将为歌德和瓦格纳的同胞们表演，然而那个剧院必须完全值得我在那里演出。"

邓肯的后一句预言在三年之后果真实现了，那时，她在德国的克洛尔歌剧院与柏林音乐协会交响乐团配合演出，票房总值是当年音乐厅代表给她的报酬的 25 倍。

这之后的一天，雷蒙德宣布他参加了一个音乐团，要前往美国旅行演出。于是，邓肯和母亲便单独留在巴黎。那时候母亲身体不太好，不能忍受那样恶劣的居住环境，所以她们搬到了一家小旅馆。同时，她们还领到了救济金，对邓肯来说，终于不用让母亲太过受苦了。

在旅馆的住客中，邓肯注意到一对在任何地方都很引人注目的夫妻。丈夫是一个比较清癯的男子，脸上总是挂着一丝忧郁；妻子有一双蕴藏着温柔、深沉和诱惑的大眼睛，以及一头褐色的头发。

有一天早上，这位年轻的妇人走到邓肯的桌旁对她说："这位是巴特，那位是罗瑞，他们都曾经为你的艺术写过评论。我是贝蒂，如果你愿意为我们跳舞，我们很希望能找个时间前往你的舞室拜访。"

邓肯很高兴，欣然邀请他们到舞室看看。此后，他们便经常到邓肯的舞室去，朗诵诗歌、看邓肯跳舞，或者有时候只是几个人坐在一起聊天。

这期间，邓肯还找到了机会拜访罗丹。自从在展览会上看到他的作品后，邓肯就一直对他念念不忘。她对这次和罗丹的见面既紧张又激动，用她自己的话说就是"好像希腊的女神要去洞穴寻找牧羊神一样，只不过她主要是要找她的爱人，而我却要寻找艺术界的阿波罗。"

罗丹给邓肯的第一印象是短小精干、很有活力，他的作品很简单但是却很有力量。从这次见面以后，罗丹作为邓肯的良师益友，两人的交往持续了很多年。

邓肯与另一位伟大的艺术家加里亚的交往也是从这个时候开始的，她是被作家凯瑟尔的太太带引到加里亚的画室的。

那一天，邓肯被带到加里亚家，一进顶楼的画室，她发现加里亚被他的书、家人和朋友们团团围住。他精力充沛，眸中洋溢着智慧的光辉。他对周围的人都很亲切，他画中的美丽风格深深震撼了邓肯。邓肯觉得自己的心情和见到基督时一样充满尊敬。

画室里还有加里亚的一个朋友，他是巴斯德研究院的梅契尼可夫。加里亚向他介绍邓肯时，抓住邓肯的手，就好像一个人要带小孩子去看一种值得向其他小孩炫耀的东西，加里亚说："这是伊莎多拉·邓肯，"说到这里，他突然提高音量："这个女孩将是一个美国舞蹈界的革命家。"

加里亚过世后，他的很多画作被收藏在卢森堡。此后，邓肯每每在卢森堡看到这些画作时总忍不住流下泪来。加里亚一家都是邓肯亲密的朋友，他们给了邓肯很多帮助，在邓肯怀疑自己的时候，加里亚总是有办法让她重拾信心，他对待艺术的态度也时常激励着邓肯在这条道路上一直走下去。

遍游欧洲

洛伊·福勒是当时一位相当优秀的舞蹈家，她与邓肯可谓是惺惺相惜。她们的第一次见面是在邓肯的舞室，介绍她们认识的是两人共同的朋友凯瑟尔夫人。邓肯为洛伊跳舞，并向她阐述自己在舞蹈方面的一些观点。洛伊对邓肯的舞蹈很着迷，她说她过几天将到柏林去，并且建议邓肯加入她们的演出。邓肯答应了。

邓肯到达柏林后，在一家旅馆找到洛伊。她的周围环绕着一群漂亮女孩，那些女孩们蜂拥着她，争先握她的手或吻她。这样热情的态度让邓肯有点震惊，对邓肯来说这将是一次新的经验。

当天晚上，洛伊要在一个音乐厅演出，但是她的状况似乎极为不好。她的脊椎好像受了伤，这令她痛苦不堪，她身旁的女孩不时替她拿冰袋，并将冰袋枕在她的背后。

邓肯很替她担心，当晚她被安排在音乐厅的包厢里观看演出。邓肯简直不敢相信自己的眼睛：那个在舞台上旋转、跳跃如同一个发光的影子的人和先前遭受病痛的洛伊真的是同一个人吗？她在邓肯的面前舞出各种色彩，一会儿变成绚烂的兰花，一会儿变成波动的海浪，紧接着又成为一朵纯洁的百合。她的舞姿瞬息变化，她的色彩光芒艳丽，那简直是魔术！邓肯被她的舞蹈震撼得精神恍惚，回到旅馆时，脑海里还是洛伊在舞台上光芒万丈的身影。这是第一位将光线的灵感应用在舞蹈色彩上的人。

第二天早晨，邓肯到柏林各处观赏城市建筑。几天后，随洛伊前往莱比锡。

在莱比锡时，邓肯每晚必定到包厢看洛伊的舞蹈，她对她神奇而充满奥秘的舞蹈艺术越来越着迷。她美丽的躯体一会儿化为柔和的液体，一会儿化成无数的光芒，她能将自己舞成各种鲜明的色彩和火焰，最后定格成宇宙间一道闪耀不息的光芒。

之后，邓肯跟着洛伊到慕尼黑，这时候，她们面临着经费告罄的窘况，按原定计划前往维也纳几乎成了天方夜谭。邓肯自告奋勇去向美国领事馆求救。经过邓肯的一番舌绽莲花，领事馆答应帮忙，一行人顺利到达维也纳之后，邓肯开始怀疑除了对洛伊艺术造诣的崇拜，她还有什么理由要将母亲孤独地抛在巴黎。截至目前，她在剧团的地位只不过是一个无助而充满同情心的旁观者。

在维也纳的旅馆里，与邓肯同住一个房间的女孩在凌晨四点，点了一根蜡烛走到邓肯床前，说上帝派她来杀了邓肯。

邓肯非常害怕，她之前听其他人说过这个女孩子有突然发疯的历史。幸好，邓肯急中生智，以祈祷为名，费尽周折逃了出来。邓肯更加怀疑她继续跟着洛伊走下去的可能性，她打电报到巴黎请母亲立刻赶来。母亲到达维也纳后，邓肯告诉了母亲她对周围环境的看法，母亲也觉得她们应该离开维也纳。

在这之前，有一天晚上邓肯在库斯勒为一群艺术家们跳舞。他们每一个人都带来一束红色的玫瑰，当邓肯在跳酒神之舞时，几乎快被玫瑰花淹没。那天晚上在那群艺术家里有一位匈牙利的剧团主持人葛诺斯先生，他对邓肯说："当你期望开拓前程时，到布达佩斯来找我。"

因此，这时候邓肯自然而然地想起了葛诺斯，于是她和母亲决定到布达佩斯开创光明的未来。葛诺斯准备安排邓肯在一家剧院单独舞蹈，并且提供了一份为期三十天的合同。

这是邓肯第一次签约在剧院为大众表演，她有些犹豫不敢应允。邓肯曾经一直将自己的艺术定义为给那些有鉴赏能力的艺术家、雕刻家、画家们欣赏的，但是葛诺斯说，如果艺术家们喜欢邓肯的舞蹈，一般民众会更加喜爱。

邓肯考虑再三，最后被葛诺斯说服，签下了合约。葛诺斯的预言果然成真。在剧院表演的第一晚就取得了空前的胜利。这之后，邓肯在布达佩斯的三十场演出可以说是场场爆满，座无虚席。

情殇

邓肯留在布达佩斯的时候正是四月春暖花开的季节，紫丁香开遍了城市的每一个角落，在这样浓郁的花香里，每天晚上成群的狂热的观众不断地为邓肯喝彩，他们甚至兴奋得纷纷将帽子丢到舞台上，并且高声欢呼："太好了！"这一切都使邓肯得到了前所未有的满足。

有一天下午，邓肯和几个朋友聚在一起喝酒，她碰到了一个男人。多年之后，邓肯在她的回忆录中这样描述当时的情景："我的视线触及一对黑色的大眼睛，那对眼睛燃烧着匈牙利人的热情，深深地透入我的心扉，他的凝视好像要把布达佩斯的春天尽

米开朗琪罗的大卫雕像

揽在眼底。他的身材高大，满头黑色带点紫红色的头发。事实上，他的外貌就像是米开朗琪罗手下的大卫雕像。当他微笑时，红润又热情的嘴唇露出一排整齐的皓齿。"他们一见钟情。

这个男人是一个演员，邓肯的回忆录中并没有提到他的名字，她一直叫他罗密欧。这是他当年时常扮演的角色，同时可能也是他在邓肯心目中的地位。邓肯曾和母亲一起观看过他的演出，他的演技令邓肯十分着迷。

这份爱情与之前邓肯那迷蒙的单恋和心智尚不成熟时的恋情相比，明显更像是真正的爱情；而罗密欧与维农和米诺斯基相比，则更加温柔浪漫，满足了邓肯心中对爱情的所有幻象。

邓肯常常在结束了一天的工作回到旅馆之后，等母亲以为她睡着时，再蹑手蹑脚地溜出去和罗密欧相聚。这对邓肯来说似乎是一种惊险刺激而又乐此不疲的游戏。

布达佩斯的演出结束后，邓肯和罗密欧前往乡间，在那里住了好几天。返回布达佩斯后，母亲对于邓肯和罗密欧的关系似乎有点困扰，而刚从纽约回到他们身边的伊丽莎白更认为邓肯的行为犯了滔天大罪。母亲和姐姐的态度令邓肯非常不安，无奈之下，她劝她们离开布达佩斯做一次旅行。

此时的邓肯完全沉迷在爱情当中，全然不顾这种爱情的冲动是否会毁灭她的艺术，伤害到母亲或是造成什么其他损失。

葛诺斯安排邓肯在匈牙利做一次巡回演出，在一个小镇的时候，邓肯听到一个关于七个革命领袖被处绞刑的故事，于是她便在镇外一个露天棚里，配着李斯特雄壮而郁悒的曲子舞出了一首进行曲，以表达她对这七位英雄的敬仰。

在这一次旅途中，邓肯到处受到观众们热烈的喝彩。但是这些令人心醉的成就并不能弥补她对罗密欧的思念。那一刻，邓肯甚至萌生这样一种想法：只要能让她重返罗密欧的怀抱，她情愿丢下眼前的成就，甚至她的艺术生命。

邓肯终于回到布达佩斯，罗密欧很愉快地前来车站接她，并在之后的一段时间里侃侃谈论两人的婚事，好像这件事已成定局。他甚至带邓肯到许多家公寓去挑选合适的新房。但是邓肯似乎想到了一些更实际的东西，她看到许多没有浴室，也没有厨房的房子后，感到一股莫名的悲戚和沉重。

这时候，罗密欧已经不再出演罗密欧了，他将在一出剧中出演安东尼的角色。邓肯觉得他满脑子都是罗马，将自己完全融入那种情绪之中。作为演员，这当然无可厚非，但是邓肯敏感细腻的心思里，却认为自己这个朱丽叶已经不能引起他的丝毫兴趣，他应该要去寻找一个埃及艳后了。有一天，他们在乡间散步，罗密欧以两个人的艺术前途为借口，提出了分手。很多年以后，邓肯还记得那个夜晚四周空旷的原野，以及她胸中袭过的寒气。

第二天下午，邓肯和葛诺斯订下另一份演出的合同，演出的地点包括维也纳、柏林和德国的大小城镇。

罗密欧的新剧上演时，邓肯去看了。当全场的观众为他疯狂时，她却躲在包厢里痛哭。第二天，邓肯离开布达佩斯前往维也纳。失去爱情的痛苦几乎让邓肯无法承受，所有的欢笑似乎在一刹那之间远去。到达维也纳后，邓肯病倒了，被葛诺斯送到医院。

一连数星期，邓肯的身体和心情都非常糟糕。

过了很长一段时间，她的身心才慢慢平静下来。葛诺斯带邓肯到法兰兹贝德静养，然而邓肯的精神既颓靡又悲伤，对周围优美的景色和可爱的朋友一点也不感兴趣。葛诺斯太太也到了法兰兹贝德照顾邓肯。邓肯痊愈之后，看着自己的舞衣，忍不住泪流满面。那一刻，她暗自发誓从此绝对不再为了爱情放弃艺术。

这时候，邓肯的声名如传奇般与日俱增，甚至有时候出去吃饭，都会被群众围观。

邓肯将爱情的悲哀、痛苦和幻灭全都转移到艺术工作上，在慕尼黑演出的时候，她和母亲及伊丽莎白重聚，她们很高兴邓肯能够离开罗密欧，但是她们并没有发现邓肯的改变。

奇妙的旅行

在慕尼黑演出前，邓肯和伊丽莎白在街上转悠了很久，希望找到一间合适的旅馆，这引起了当地的居民对她们的注意。费迪南德公爵刚好路过，也看到了邓肯，他早就听说过邓肯，对她很感兴趣。后来，他曾邀请邓肯到他的花园别墅住过一段时间。这件事情完全是无意间的插曲，却在上流社会引起了一些闲言闲语。

在这段时间里，邓肯还独创了一种泳衣，这种样式后来非常流行。它用质地很薄的上等蓝色绉纱缝制而成，领口低低地用几条细细的肩带系住，裙长不到膝盖，裸露着部分的大腿和小腿。那时候一般妇女的泳装都是黑色的，裙长过膝，还要穿上黑色的长筒袜和游泳鞋。因此，我们可以想象得到邓肯的创意在社会上造成了多大的骚动。

邓肯和伊丽莎白在慕尼黑的生活以库斯勒为中心，那里经常聚集一群知名人士，他们每晚聚在一起喝啤酒并谈论哲学和艺术。葛诺斯有意安排邓肯在那里演出。这些表演成了慕尼黑数年来最大的艺术事件，轰动一时。

后来，邓肯又在一个学院演出，学生们几乎都为她的舞蹈而疯狂。他们经常让邓肯骑在马上，然后有人牵着马走遍大街小巷。他们围在邓肯的两旁，举着火把高歌跳舞，非常兴奋。他们还经常聚集在旅馆的窗口不断高歌，邓肯有时候会丢下花朵或手帕，他们争相夺取手帕，每人分得一小块别在帽子上。

有一天晚上，学生们带着邓肯到一家咖啡馆，将她抱到桌子上，邓肯便在桌子上舞蹈，从这张桌子舞到别张桌子，学生们欢呼不止。第二天的报纸报道了这件事，那些卫道人士大感震惊，并对此大加口诛笔伐。可是邓肯似乎一点也没有受到影响。

那时候慕尼黑盛行各种艺术和学术活动，街上经常挤满学生，年轻的女孩们流行在手臂下夹着一个书夹或乐谱，每一家商店的窗口都摆着珍贵的书或吸引人的新刊物，除此之外，博物馆里也搜集了相当多的稀世珍品。这样开放和浓郁的艺术环境使邓肯失去的理智和精神生活重新回到生命里。她开始学习德文，并且研读叔本华和康德的作品，很快地，她可以和库斯特的艺术家、哲学家和音乐家们畅谈。邓肯也学会了品尝醇美的慕尼黑啤酒，她的情绪已渐渐趋于平静。

一天晚上，在库斯勒一个艺术性的特别演出上，邓肯结识了西格弗里德·瓦格纳，他是理查德·瓦格纳的儿子。邓肯形容他是一个言谈非常风趣的人，后来他们成了很好

慕尼黑啤酒节盛况

的朋友。

在慕尼黑的博物馆里有许多意大利的伟大艺术作品，邓肯对意大利的艺术产生了浓厚的兴趣，而且慕尼黑离意大利的边境并不远，邓肯没有太多的犹豫，便和母亲、伊莉莎白搭车前往佛罗伦萨。多年以后，邓肯回忆那是一次奇妙的旅行，她们先经过提洛尔，然后再沿着阿尔卑斯山的南坡到达温布利亚平原。

她们在佛罗伦萨下车，并且在那里停留了数星期，邓肯陶醉于各种艺廊、花园和橄榄园。在波提切利一幅表现春天的画作里，邓肯得到了舞蹈的灵感。

她想要借着肢体上的动作表现出画中的情境，借着舞蹈表达画中的爱情、春天以及生命的喜讯，她渴望将自己从画中得到的启示传达给别人。

在佛罗伦萨没有待太久，邓肯前往柏林。因为葛诺斯在柏林为邓肯安排了演出。

这是真正将邓肯推向世界的一次演出。不得不说葛诺斯是一位非常有勇气的先驱者，他孤注一掷地将全部心力投资到这次演出上。他租了第一流的歌剧院，请了最优秀的指挥家，花了巨额的广告费做宣传。邓肯抵达柏林后，对市区内随处可见的巨幅海报感到非常惊奇。葛诺斯在演出前还安排了类似发布会的采访，柏林各大媒体的记者悉数到场。邓肯侃侃而谈，讲她在慕尼黑及佛罗伦萨所得的经验和心灵上的沉思，以及她对舞蹈艺术的看法。有些惊人的见解令那些记者们感到非常震惊。

第二天，柏林，乃至整个德国的报纸都纷纷刊载了邓肯在艺术上的言论，欧洲的整个艺术界都听到了邓肯的声音。

演出当晚，蓝色的布景前，邓肯瘦小的躯体站在宽大的舞台中央，她近乎疯狂地舞动，接连跳了两个多小时，观众们很激动，甚至有些狂热，一直不肯离开剧院，不断地要求"再来一个"、"再来一个"。此后接连几个晚上，学生们为邓肯举行了在德国很流行的庆祝仪式，他们像凯旋的士兵一样，拥着邓肯在街道上游行，到很晚的时候才肯送她回旅馆。

不久之后，雷蒙德从美国来到了柏林，邓肯决定全家人一起做一次长途旅行，前往各地的艺术圣堂朝拜。他们搭火车前往意大利，准备经过威尼斯前往雅典。

他们在威尼斯逗留了几个星期，浏览了当地的教堂和艺廊，但是，邓肯对威尼斯的印象很一般，可能是之前在佛罗伦萨时，被那里高度的精神美和物质美所迷惑，而威尼斯的神秘和可爱还无法引起邓肯的共鸣。而且，到哪里都需要乘船也给邓肯留下了不耐烦的印象。

圣土希腊

离开威尼斯后，雷蒙德决定采取原始的旅行方式到希腊去，因此他们放弃了豪华舒适的大船，改乘一艘小小的邮船。

那正是酷热的七月天，小小的船只航行在风浪之中，一家人冒着生命的危险前往一段未知的旅程。船上没有帐篷，太阳炙烤着旅行的人们。他们的食物是一些奶酪和干鱼，太阳一晒，它们便发出难闻的气味。经过一系列的艰难，他们终于在希腊的一个海边小镇登陆。

这个小镇没有旅馆或铁路，那天晚上他们挤在一个小房间里，床板非常粗糙，他们根本没有办法好好睡一觉，于是，雷蒙德整夜滔滔不绝地发表苏格拉底的智慧论和柏拉图的爱情论。

黎明时，他们带着简单的行李乘马车离开村庄，向下一站继续前进。

在一个夜晚，他们到达米索伦基。这是邓肯一直向往的一个城市，城市中心的纪念堂里供奉着诗人拜伦的心。1824年4月，拜伦死于希腊的民族解放运动。拜伦死后的第三年，米索伦基城的百姓们因为革命失败而被屠城。在这样一个城市里，邓肯的心情异常沉重。

在天黑的时候，他们搭上前往雅典的小邮轮，站在甲板上望着逐渐倒退的米索伦基城，邓肯的眼中充满了泪水。

一行人于黄昏时分到达雅典，第二天天刚破晓时，他们便怀着又惊喜又崇敬的心情前往膜拜巴特农神庙。邓肯后来在回忆录中这样描写当时的心情，她说："如此神圣的美景，实在无法用文字来形容。有一种很奇妙的心情流进我们的心中，既无法用泪水也不能用拥抱来表达。"

很多人后来很好奇，为什么邓肯在柏林获得了巨大的成功之后，没有继续活跃在舞台上，而是带着家人开始了这次长途旅行。邓肯不是不懂得趁热打铁的道理，当她离开柏林时，葛诺斯也与她进行了一番长谈。但是邓肯觉得自己的艺术修养远远不够，而声名和金钱已经不是她最需要的东西了。所以，一场纯粹的精神之旅，是邓肯当时最迫切的渴望。

　　在柏林的演出为邓肯积攒下一笔财富，她决定在雅典的郊区建一栋属于自己的"宫殿"。他们在一座小山上选择了一块土地，这里离雅典很远，土地贫瘠，没有水源，只有奶蓟草能在此生根。土地所有者很奇怪：邓肯一家买这样一块地方用来干什么？

　　买下这块土地之后，一家人开始准备设计方案和建筑材

巴特农神庙

料。雷蒙德没有请建筑师，他自己找到了一张神殿的部分平面图，雇用一些工人和搬运工。山脚下的红石是不错的建筑材料，每天都有很多红石被堆在这块土地上，这让邓肯一家人十分兴奋。

奠基的这一天，邓肯一家人决定举行一个特别的仪式以示庆祝。他们请了一位希腊牧师来主持，并邀请附近几十里内的农夫们一道参加。

典礼在肃穆的气氛下开始，老牧师在最靠近房屋的基石旁，割破一只黑色公鸡的咽喉，并将它的鲜血洒在这块石头上。接着他一手握刀，一手抓着这只死鸡绕着房屋的基地走了三圈，然后开始祈祷和施咒。他一再训勉他们要以忠诚和平的态度相互对待，也祝福他们的后代子孙能够平安地住在这间房屋里。当他结束全部的祷颂后，乐师们带着希腊原始的乐器开始弹奏起来。邓肯一家开了好几桶酒，同时又在山上放焰火，偕同邻居们又喝又跳，一直庆祝到天亮才结束。

这时候的邓肯是打算永远留在希腊的。虽然房子还没有建成，他们暂时住在临时的帐篷里，但是一家人的生活状态很好。奥古斯汀也带着妻子和女儿来到了希腊，久违的团圆令邓肯十分高兴。

她每天黎明时分起身，以一碗羊奶为早餐。然后，花时间教导邻人歌唱和舞蹈。午餐都是绿色的蔬菜，他们早就放弃肉食成为素食者。下午的时间大部分用来沉思。到了晚上，他们便和着音乐举行宗教性的仪式。

开始动工盖房子的时候，他们发现很多现实的困难。比如运载红石的花费太大，此地方圆四公里内没有半滴水等等。然而雷蒙德并不气馁，他雇了更多人开始挖井，很可惜，几个星期后宣告失败。他们回到雅典，申请了一个特别许可证，可以在晚上前往神殿。这样，他们经常坐在酒神露天剧场里，朗诵诗歌、跳舞，度过那些没有水的夜晚。

梦断

一个月夜，他们照例坐在酒神露天剧场，忽然听到一阵尖锐的男童音从半空升起，这是小男孩特有的声音，带着一股凄凉又独特的意味。紧接着，一阵阵的声音互相应和，似乎是在唱古希腊的歌曲。邓肯为这样的奇遇而欣喜万分。

第二天晚上，这种音乐会仍然在继续，邓肯拿了些银币给这些小孩们，表示赞赏。第三晚、第四晚，参加合唱的孩子们越来越多。

邓肯产生一个想法，希望能借着这一群希腊男孩重振古希腊的合唱团。于是，他们每天晚上在酒神剧场里举行古希腊歌曲比赛，颁奖给那些唱得最好的男孩。借着这种竞争方式，他们挑出了全雅典嗓音最好的十个男孩，组成一个合唱班。邓肯还请了一个专攻古希腊文化的年轻教士来指导合唱团的演唱。

邓肯的日子便是如此过的：研究巴特农神庙、建筑自己的房子，并且配合合唱团翩然起舞。她完全陶醉在自己的工作中，偶尔也会到邻近的村庄走走。

雅典的政局向来动荡不安，那时候皇室和学生们正处于一种对立的关系。双方为了该用古希腊语还是当代文字而争执不下。成群的学生们举着旗帜在街上游行，支持使用古希腊语。邓肯他们被邀请加入游行队伍，为了恢复希腊文化，他们当然非常乐于参加。这次游行之后，邓肯得到了当地学生的爱戴，他们安排邓肯在市立剧院演出。合唱团的十个男孩和拜占庭教士全都穿上彩色的服装，唱着歌，邓肯也和着他们的歌声翩然起舞。精彩的演出令场内的学生们为之疯狂。

这之后，邓肯的积蓄又所剩无几了。她在清晨时独自走进酒神剧场，在空旷的剧场里独自起舞，她感觉这将是最后一次在此跳舞。邓肯又爬到山顶站在巴特农神庙前，突然间觉得一家人的梦想就像一个绚烂的泡沫破灭了。他们不可能长久地留在希腊，很难重新恢复古希腊诗歌和古代悲剧性的舞蹈，虽然这是一件很有价值的事。

三天后，邓肯一家动身前往维也纳，她带走了由十个男孩组成的合唱团。

回顾在希腊的这一年，邓肯的记忆里都是美好，她在家人的鼓励和支持下，尝试追溯两千年以前的美丽文化。尽管最后以失败告终，但那些美好的回忆一直伴随着邓肯。

重振希腊诗歌

某天早上，邓肯一行人到达维也纳。稍微休整一下之后。他们就开始在维也纳平民面前举行演出。合唱团的小男孩们吟唱古希腊诗歌，邓肯则配合歌词的意义舞蹈。

邓肯在维也纳期间，罗密欧不曾来看过她，当然，邓肯也渐渐淡忘了这个人。她将自己的全部心力都奉献在重振希腊合唱团上。关于私人生活方面，她也结交了一些新的朋友，比如赫尔曼·鲍尔。

几年前鲍尔曾经看过邓肯的舞蹈。他对邓肯从希腊带回来的男童合唱团很感兴趣，还在维也纳的报上写了许多推崇的文章。

那时候鲍尔约30岁，头很大，覆盖着茂密的棕发，并且还蓄着胡子。他经常在邓肯表演结束后到旅馆来找邓肯聊天，他们常常彻夜长谈。但是，这两个人之间一直是纯洁的友谊关系，没有任何感情上的牵扯。不是鲍尔有什么不好，而是邓肯自从在布达佩斯和罗密欧分手后，她就打算将未来的时间和精神完全奉献给艺术工作，避免重蹈覆辙。

邓肯在维也纳的演出又再度获得成功。带着获得的财富，邓肯一行人又前往慕尼黑。他们的合唱团在当地引起了一些教授和知识分子的注意。有位教授还为此做了一次演讲，讨论古希腊的诗歌和拜占庭的音乐。

大学生们对于邓肯的表演更是感到兴奋。但是他们明显只迷恋于邓肯的舞蹈，而对合唱团宣扬的希腊诗歌并没有任何兴趣。

在这段时间里，这些从希腊来的小孩们因为无法适应新的环境，而变得脾气暴躁没有礼貌。他们几乎不停地要黑面包、熟的黑橄榄和生洋葱，如果餐桌上没有这些食物，他们就会对侍者动粗。邓肯没有办法，只能在他们吃饭和睡觉的时候看着他们。

六个月之后，这些孩子们天使般的稚音慢慢变调了，他们也到了叛逆期，开始变得倔强而不服从管束。

经过多次焦虑的讨论后，邓肯决定送他们回雅典。她先带他们到一家很大的百货公司，为他们添置了一些新衣服，然后送他们乘火车返回雅典。这群男孩离开后，邓肯暂时将复兴古希腊音乐的事搁置一旁，转而研究德国作曲家格鲁克的作品。

在慕尼黑期间，邓肯的家成了艺术圈和文艺界人士每星期聚会一次的场所。他们在这里多次讨论是否能将舞蹈归于艺术的范围内。德国人对每一项艺术都能深入地探讨，而且都能严肃地考虑这些问题。邓肯的舞蹈形式变成他们激烈辩论的一个主题。报纸上不断刊出这些见解，他们有时候称赞邓肯是一个发现新艺术的天才，有时候又把邓肯贬低为一个破坏者，破坏了传统的古典舞蹈，如芭蕾舞等。

那些经常到邓肯家的文艺界人士中，有一个叫卡尔·菲登的年轻人，他的额头特别高，眼镜后头藏着一对敏锐的眼睛，他一直向邓肯灌输尼采的天才思想。他认为唯有尼采才能让邓肯真正明白自己所要追求的舞蹈意义。他每天下午都来找邓肯，并用德文念一些尼采的作品给邓肯听。遇到邓肯不懂的辞句，他便一一详细解释。

邓肯沉迷在每天和卡尔相聚的时间里，因此百般不愿意接受葛诺斯希望她到汉堡、莱比锡等地做一次短暂演出的安排。邓肯告诉葛诺斯，她对环球演出一点也提不起兴趣，她的理想是创造一种崭新的舞台动作和创立一所舞蹈学校。其实，建一所舞蹈学校一直是邓肯的理想，从她小时候在这方面的尝试上我们就可以看得出来。随着年龄的增长，这理想不但没有被现实消磨，反而越来越坚定而强烈。葛诺斯显然对邓肯的这个想法感到沮丧，他不断地尝试说服邓肯，伦敦以及其他地方已经开始有人模仿邓肯的舞蹈、服装和布景，深受观众的喜欢。可是邓肯的信念十分坚定，这些新闻对她没有产生任何影响。夏天来临时，邓肯决定前往拜雷特，去寻访作曲家瓦格纳的音乐渊源。这个决定令葛诺斯暴跳如雷，但是却无可奈何。然而，还没等邓肯动身，瓦格纳的遗孀就亲自来拜访她了。

邓肯觉得瓦格纳夫人是个令人印象深刻的女人，她有一副高大的身材，眼睛很漂亮;鼻梁稍微高了一点，前额宽阔。她非常精通哲学，许多艺术家的作品她都如数家珍，她对邓肯的舞蹈艺术也很感兴趣，并且提到瓦格纳先生与邓肯一样最讨厌芭蕾舞和它的服装。接着她又邀请邓肯到拜雷特演出，邓肯也对她讲述了自己想要建立一所舞蹈学校的愿望。。

瓦格纳的知音

5月的一天，邓肯到达拜雷特。她每天都会接到瓦格纳夫人的邀请，请她共进午餐或晚餐，或者邀请邓肯到她的别墅共度良宵。瓦格纳夫人的款待既亲善又很有档次，她的客人中不乏音乐家、艺术家，或是伯爵，以及从各国来的使节。

从别墅图书室的窗口就能看到花园中的瓦格纳墓，午餐后，瓦格纳夫人习惯挽着邓肯到花园，绕着坟墓散步，这时候瓦格纳夫人的谈话中总带着淡淡的忧郁和神秘。

晚上别墅里经常有四重奏，每一项乐器都是由著名的音乐家弹奏，他们都在别墅里受到了很好的款待。

邓肯觉得能穿着白色的舞衣，加入这一群出名又充满智慧的艺术家的聚会，实在是一件很荣幸的事。他们开始对歌剧《唐豪瑟》里的音乐展开谈论，这出歌剧的音乐充分表达了一个人对肉欲的强烈渴望。

瓦格纳夫人邀请邓肯参加了《唐豪瑟》的演出。所以那段时间,邓肯从早到晚都在山上的红砖庙里参加所有的排演,期待首度正式演出。为了深刻理解剧中的意思,邓肯很用心地熟读剧本的原文,每每这时,她总是被瓦格纳的音乐撼动不已。邓肯将自己完全融入剧中,外界的一切对她都产生不了任何影响。

　　这一次演出给邓肯留下了难忘的印象,也是邓肯一次难得的经验。

　　旅馆里很拥挤又不舒服,邓肯某一天散步的时候,无意间发现一栋很特殊的旧石屋。这像是以前猎户打猎时所住的房子。里面有一间很大又漂亮的客厅,斑驳的大理石阶从屋前一直延展到花园。不过由于年久失修,一切显得很杂乱。石屋里面住着一户农家,他们已经在此住了二十多年。邓肯出高价将石屋租了下来,然后找来油漆工和木匠整修房子。墙壁被重新粉刷成柔和的绿色调。邓肯又到柏林买了一些沙发、椅垫、柳条椅和书籍,最后将这栋房子取名为"菲利普庐"。

　　这时候,邓肯独自一人留在拜雷特,母亲和伊丽莎白到瑞士避暑,雷蒙德回到他挚爱的雅典,继续建筑他们的宫殿。雷蒙德经常打电报给邓肯,将工程的进度告诉她,同时也会向邓肯索要下一步的花销。慢慢地,邓肯发现这笔费用实在太令人吃不消了。

　　从离开布达佩斯到现在,已经两年了。这两年时间里,邓肯一直过着洁身自爱的生活，连她自己都很讶异这种类似处女的心态，她全身的每一个细胞和脑力先是沉浸在希腊的文化里，现在则完全投入到瓦格纳的音乐中。但是爱情似乎总是在不经意间来临，而且完全是不同的形式。邓肯和她的朋友玛丽住在"菲利普庐"，因为这间石屋没有佣人房，所以她的仆侍和厨师便寄宿在不远处的一家小旅馆。有一天晚上，玛丽很惊恐，她叫着邓肯："伊莎多拉，我并非有意恐吓你，但是你过来窗口看看。在对面一棵树下，每天午夜后，总会有一个男人站在那里抬头注视你的窗口。我怀疑他是不是一个存心不良的夜贼。"

邓肯从窗子往外看，的确有一个清瘦的小男人站在树下仰望她的窗户。邓肯也很害怕。突然间，月亮升过树梢，照亮了他的脸，邓肯和玛丽都看清了这个男人的面容。这是她们认识的人，他叫亨利·索德。

玛丽轻声告诉邓肯："这一个星期来，他每晚都站在那里。"

邓肯在睡衣外套了一件外衣，跑出门外，朝着索德冲过去。

经过一番交谈，邓肯知道了索德对她的心意，冰封了两年的心重新得到爱情的滋润，邓肯的全身似乎都焕发出光彩。

此后，几乎每天晚上索德都会到"菲利普庐"来，他与邓肯畅谈艺术，有时也会带来一些他正在写的一部著作的手稿，并把写好的那一章念给邓肯听。他也将但丁的整部《神曲》从头至尾仔细地念给她听。他经常由深夜读到黎明，然后踏着晨曦离开"菲利普庐"。有一天早上，当他刚离开"菲利普庐"时，瓦格纳夫人便来拜访邓肯。

瓦格纳夫人在晨光中一路走来，她脸色苍白，心里似乎很不安。邓肯以为出了什么事情，但是事实和她想象的不一样。她们两人昨天曾为了《唐豪瑟》一剧发生了争执，瓦格纳夫人反对邓肯在跳酒神之舞时多加入的意义。昨晚她无法入睡，起身翻阅瓦格纳的遗稿，发现一本瓦格纳亲笔写的笔记簿，这本未出版的手记对于酒神之舞有很明确的批注。

这位和蔼的妇人迫不及待，在天刚破晓时便前来向邓肯解释，并认同了她的看法。瓦格纳夫人说，"亲爱的孩子，你好像得到了瓦格纳的亲自指点。看看他在上面写了些什么，它和你的直觉完全符合。从此以后，我绝对不干涉你，你可以自由地在拜雷特支配自己的舞蹈演出。"

瓦格纳在世的时候绝对想不到，邓肯这个以舞蹈为毕生事业的女孩子会是他的知音。邓肯也对瓦格纳的音乐投入了极大的热情，她的身心都被它所占据，但是有一天在瓦格纳夫人的别墅午餐时，邓肯平静地宣布："瓦格纳大师的音乐有一项错误，这项错误和他的天才一样大。"

瓦格纳夫人用一种惊讶的眼神看着邓肯。全场来宾顿时鸦雀无声。

"是的，"邓肯继续以年轻人自信的态度说下去，"瓦格纳大师有一项严重的错误，所谓的歌剧形式完全不合理。"

这时全场越来越沉默，这种气氛令人难受。邓肯进一步解释戏剧是用语言来表达的，语言能力由大脑产生。而音乐是一种抒情的东西。要将两者组合在一起表达情感是不可思议的。

满座宾客十分惊愕，谁也没有说一句话。当然，这可能是邓肯的表达使他们太过吃惊，也有可能是邓肯的想法没有人赞同。但是邓肯没有理会这些，她继续说："人类必须先说话，然后唱歌，最后再跳舞。但是说话经由大脑的思考而来。唱歌是情绪的宣泄。舞蹈则是酒神狂放时的行为，很可能将一切湮没。因此不论采取任何方法来混合三者，都是绝对不可能的。因此歌剧这种艺术形式完全无法成立。"

这些言论使得邓肯遭受了一些攻击，好在那个时候文艺圈的整个氛围比较宽容，很快，这件事情也就过去了。

海克尔来访

1897 年邓肯在伦敦的时候，曾经在不列颠博物馆读到海克尔作品的英译本。他对于宇宙间各种不同现象的清晰阐释，令邓肯印象深刻。于是她写了一封信给海克尔，感激他的作品带给她的影响。后来邓肯在柏林演出时，海克尔写了一封回信给她。

那时候，海克尔由于言论激烈，遭到德国皇帝的放逐，没有允许不得回到柏林，但是他们之间仍然保持着通信。等邓肯到拜雷特后，她写了一封信邀请海克尔来参加他们的餐会。

在一个下雨的早晨，邓肯乘了一辆马车到车站接他。这位伟大的学者从火车上走下来。他当时已经60多岁，但是身体仍然高大健朗。他留着白头发和白胡子，穿着一件宽松而下垂的衣服，并且还挽着一个绒毡制的手提包。海克尔与邓肯的交往一直止于通信，他们从来没有见过面，但这时都立刻认出对方。海克尔用宽厚的臂膀拥住邓肯，大把的白胡子几乎盖住她的脸。他全身焕发出一股健康、强健、智慧的馨香——假若一个人的智慧能用香味来形容的话。

邓肯带海克尔回到"菲利普庐"，她早在房里摆了许多花。然后邓肯冲到瓦格纳夫人的别墅，骄傲地宣称海克尔正在她那里做客，他想前往观赏"巴西佛"的演出。出乎意料，这个好消息得到的响应竟然非常冷淡。瓦格纳夫人是虔诚的天主教徒，而海克尔则是自达尔文以后最伟大的宗教破坏者。他所阐扬的实事求是的精神在瓦格纳夫人的别墅里得不到热烈的认同。不过邓肯很诚恳而直接地向瓦格纳夫人说明了海克尔的伟大思想，以及她对他的崇拜。瓦格纳夫人勉强送给邓肯一张包厢的戏票。

那天下午，在演出中场休息时，邓肯穿着希腊式的舞衣，赤裸着腿和脚牵着高大的海克尔的手一起散步，这种举动令在场的观众震惊不已。

海克尔在观赏演出时非常沉默,直到第三幕邓肯才明白,剧中神秘的气氛根本无法引起他的共鸣。他的心智完全趋于科学化的理性,无法容纳这些传说中的奥秘。

后来,邓肯特意为海克尔举行了一次宴会。邀请到为数不少的贵宾,有刚到拜雷特访问的保加利亚国王费迪南德、德国皇帝的妹妹萨克森梅林公主,以及其他一些艺术家和文学界人士。

邓肯在这次聚会上做了一次演讲,歌颂海克尔的伟大,然后开始以舞蹈向他致敬。海克尔称赞邓肯的舞蹈有如大自然间真理的表现,又说她的舞蹈表演符合一元论,来自一种渊源,并且朝着单一的方向发挥。接着著名的男高音歌唱家巴里献唱。这些人在一起吃晚饭,饮酒作乐,一直到天亮才结束。海克尔那天兴高采烈,好像小男孩似的。

第二天早上,海克尔照常一大清早便起身,邀请邓肯陪他一同到山上散步。邓肯答应了,但是不如他那么热心。因为前一夜的狂欢十分疲累,何况海克尔总是在散步的时候,对邓肯评论路边的每一个石头、每一株树和各种不同的地层。

当他们爬到山顶后,海克尔挺拔地立在山上,带着一种嘉许的眼神观望大自然。他背着书架和画具,开始描绘森林以及山丘的岩石。虽然他是一个优秀的画家,然而邓肯认为他的作品里缺乏艺术家的想象力,反而比较像科学家精密的写实。当邓肯向他讲述巴特农神庙时,他最感兴趣的是大理石的成分，以及大理石来自地球的哪一层，反而对邓肯所说的巴特农神庙是希腊雕刻家菲狄亚斯的精心巨作等事漠不关心。

有一天晚上，邓肯和一些朋友在瓦格纳夫人的别墅里聚会，忽然接到保加利亚的费迪南德国王要来拜访的消息。全体宾客都起立敬礼，但邓肯依旧优雅地靠在沙发上。费迪南德国王并没有在意这些，反而立即朝邓肯走过来，坐在她旁边，开始谈论他对古希腊文化的强烈喜好。邓肯告诉他，自己梦想创立一所学校以便带动古希腊文化的复兴。费迪南德国王非常兴奋，他大声说："这是一个很可爱的想法，你可以到我在黑海的宫殿来，将学校设在那里。"

晚餐时，邓肯与费迪南德国王的谈话达到高潮，费迪南德国王接受了邓肯的邀请，答应稍后会找个时间到"菲利普庐"与她共进晚宴。费迪南德国王没有食言，果真到"菲利普庐"和邓肯以及她的朋友们度过了一个愉快的夜晚。邓肯逐渐将费迪南德国王视为一位引人注目的诗人、艺术家、理想者和高贵的知识分子。

后来，费迪南德曾多次到"菲利普庐"拜访，他与邓肯谈论艺术，常常忘记了时间。这一度在拜雷特引起轩然大波。"菲利普庐"有许多沙发、凳子、玫瑰色的灯，又经常在夜晚传出阵阵高歌，并可以看到有人舞蹈的影子。附近村庄里的人认为这里是邪恶的殿堂，是一座真正的女巫的住屋，并将他们的聚会渲染成某种"秘密仪式"。

邓肯还在这里认识了一些军官，他们经常邀请邓肯早上和他们一同去骑马。邓肯穿着希腊式的舞衣和凉鞋，不戴帽子，让长发在旷野里飘扬。从"菲利普庐"到演出的剧院有一大段距离，于是邓肯便向其中一位军官买一匹马来代步。但是这匹马不太容易驾驭，它时常使性子刁难邓肯。比如自动地停在路旁的酒馆，因为那些军官们经常在里面喝酒，它的四只脚牢牢地钉在地上不肯移动，直到它的前主人的朋友们笑着走出来，并且护送邓肯一程。我们可以想象邓肯在大庭广众面前的窘态。

当《唐怀特》再次上演时，邓肯身着透明的舞衣舞动在一群穿着粉红色芭蕾舞衣的女孩中，这举动引起了不少批评。最后连瓦格纳夫人也失去了支持邓肯的勇气。她让女儿送一件衬衣到邓肯的包厢，希望邓肯将它穿在薄纱下，但遭到了邓肯的拒绝。邓肯说："要我跳舞就要尊重我自己所选择的服装，否则免谈。"

之后，人们陷入了一场讨论，讨论邓肯裸露光滑的皮肤是否合乎道德。邓肯对这些不置一词。

夏天结束时，索德前往外地做一次巡回演讲。邓肯也为自己安排了一次旅行。她离开拜雷特，到德国其他地方走走看看。

她的第一站是海德堡，当时索德正在这里对他的学生们发表演说。邓肯也聆听了这次演说。索德以一种抑扬顿挫的语气对学生们谈论艺术。当他演讲到一半时，突然提到邓肯的名字，并且告诉那些男孩子们，一种崭新的艺术形式被邓肯从美国带到欧洲。他对邓肯的赞美令邓肯觉得有些不安，却又很快乐和骄傲。那天晚上，邓肯为这群学生舞蹈，然后他们拥着她在街上游行。最后，邓肯和索德站在旅馆的台阶上，接受学生们的崇拜和爱戴。海德堡的每一家商店的窗口都挂着索德的画像，每家商店也都发售邓肯的一本小书《未来之舞》，他们两人的名字经常被连在一起。

离开海德堡之后，邓肯继续她的旅行。但是，浓烈的思念一直笼罩着邓肯的情绪。她开始变得毫无食欲，经常出现昏眩感。后来更是经常在夜里听到索德呼唤她的声音。

回到拜雷特之后，邓肯的状态一直如此。熟悉邓肯的观众开始为她的羸弱而焦虑，并且谈论她日益消瘦的原因。邓肯常常吃不下也睡不着，经常眼睁睁躺到天亮。她不知道该用什么方法来消除这份痛苦。

这种坠入深渊的折磨，直到她的经理为她带来一份前往俄国表演的合同时，才告解脱。圣彼得堡离柏林只有两天的车程，但是一越过国境，好比是跨入另一个不同的世界。越过俄国的国境后，大地被整片的白雪和一大片森林所覆盖。皑皑的雪地无穷地延绵下去，透骨沁心的寒气，似乎要将邓肯的热情冷却。

不知道是不是因为距离太远，邓肯幻觉中索德的声音越来越模糊。邓肯做了一个梦，她梦见自己从车窗跳了出去，赤裸着身体在雪地里奔走，全身都被冰凉的雪气所笼罩。她不知道这样的梦代表着什么，当然，我们也无从得知。

俄国的震撼

邓肯乘坐的火车因为风雪的侵袭比预定的时间晚了十二小时，凌晨四点才到达圣彼得堡。当邓肯步下火车时，车外的气温大约在零下十度。邓肯二十多年来从没有到过如此寒冷的地方。

没有人来接邓肯，她只能让女仆留下来看管行李，独自乘着一辆单马的马车前往旅馆。途中，邓肯看到了一幕恐怖的画面，多年之后回忆起那个画面她依然觉得十分震惊，她说即便是爱伦坡描写的任何可怕的情景也比不上当时的那种气氛恐怖。

邓肯在马车上远远地看到一长列队伍，颜色是黑的，气氛悲伤凝重。那是一些人吃力地抬着棺材，很多棺材，一个接一个。马车夫将车速缓缓降慢，躬着身体在胸前画十字架。邓肯问车夫怎么回事。邓肯并不懂俄文，但是车夫试着用手势向她解释，这一批死者全是工人，他们几天前在毫无抵抗的情形下在冬宫前被射杀。这就是俄国十月革命之前著名的冬宫请愿事件，它发生在 1905 年 1 月。事件的起因是工人们生活困难，前往冬宫请求沙皇援助，但是被沙皇政府下令枪杀。邓肯叫马车夫暂时停车，她望着面前经过的队伍，默默地为这些可怜的人祈祷。

　　这一幕场景对邓肯的影响很大，如果没有看到这些，她以后的道路可能会有所不同。那一刻，站在这列连绵不尽的队伍前，那种悲恸使得邓肯暗自发誓，一定要设法解救这群被蹂躏的百姓。她想到自己之前沉浸在爱情的痛苦中难以自拔是多么的幼稚和无知，跟这样一出悲剧相比，自己在爱情上的失落又算得了什么呢？邓肯也第一次感觉到自己的艺术似乎在社会改革面前并没有什么用处，她开始思考怎样借助艺术来帮助苦难的人们，来实现社会的变革。到了旅馆之后，邓肯倒在床上狠狠地哭了一场，她必须借助眼泪发泄心里因为之前看到的场景而产生的无法消弭的悲哀。

　　稍晚一些时候，圣彼得堡一个剧院的经理带了一束花来

圣彼得堡冬宫前的广场

看望邓肯。

两天之后的夜晚，邓肯开始在圣彼得堡的上流人士面前表演。那些人看惯了芭蕾舞华丽的演出和奢侈的布景，转而再看邓肯这个年轻女孩的舞蹈，你可以想象他们的惊讶。邓肯那一天穿着网状的舞衣，在一片蓝色的布景前舞着肖邦的曲子，用自己的灵魂契合肖邦的精神！当第一幕结束时，观众席迫不及待地响起一阵热烈的掌声。邓肯想着那天早上看到的出殡队伍，和着肖邦那悲伤的音乐，将内心的情绪完全宣泄出来。

第二天，有一个相当迷人的小女人来拜访邓肯，她穿着一件黑貂皮的大衣，戴着一副钻石耳环和一条珍珠项链。她自称就是俄国的舞蹈家金斯基，她特地代表俄国的芭蕾舞界前来邀请邓肯当天晚上到歌剧院欣赏她们的表演。过去在拜雷特时，邓肯经常遭到芭蕾舞者的奚落和憎恨。他们甚至还故意在邓肯舞蹈的地毯上撒了许多大头钉，使她的脚受伤。如今，俄国芭蕾舞者对她的这种转变使邓肯又惊又喜。

晚上，他们派一辆铺满皮垫很温暖的豪华马车来接邓肯到剧院，邓肯被安排坐在最前端的包厢，包厢里摆着鲜花、糖果，还有三个住在圣彼得堡的富家少爷。邓肯依旧穿着白色的舞衣和凉鞋，和这群奢华的贵族聚在一起可能显得有些格格不入。

邓肯向来很反对芭蕾舞，她认为那是一种虚伪又做作的艺术，甚至在邓肯的观念里，它已经偏离了艺术的范围。但是，这一晚，当邓肯看到金斯基好似仙女一样在舞台上轻飞快舞时，也不得不为她喝彩，她那完美的姿态已经超出人类所能做出的一切造型，反而更像一只轻盈的小鸟或蝴蝶。

中场休息时，邓肯看到很多美丽的女人共聚一堂，她们穿着露肩的晚礼服，身上戴满珠宝，由一群穿着体面的男士们陪着。这一幕歌舞升平的豪华景象和那天早上邓肯看到的送葬场景天差地别。邓肯觉得很讽刺，面前这些人和其他国家的所谓贵族有什么不同呢？

表演结束后，金斯基邀请邓肯到她的宅邸用晚餐。邓肯在她家遇到了迈克公爵。当邓肯向他诉说想要为平民儿童办一所舞蹈学校的计划时，他显得很惊讶，而且似乎不太明白邓肯的话。

几天后，俄国的芭蕾舞者保罗娃邀请邓肯观赏她的芭蕾舞。邓肯依然不能接受芭蕾舞违反艺术和人类情感的动作，但是她为保罗娃的精彩演出而热烈喝彩。

演出结束后，他们到保罗娃家吃晚餐，她家比金斯基家来得朴素，但却同样高雅。邓肯坐在两个画家巴克斯特和邦洛斯中间。在这里邓肯还第一次认识了戴格希里夫，她和他热烈地讨论邓肯心中的舞蹈艺术和芭蕾舞的缺点。

那天晚上巴克斯特为邓肯画了一张素描，这张肖像画现在收在他的画册里。画上的邓肯样子十分端庄，卷松的长发斜披在一边。巴克斯特也谙于命相学，那天晚上，他帮邓肯看手相，发现她的手心有两个十字形的手纹。他对邓肯说："有一天你将会盛名载誉。不过你会失去最亲爱的两个人。"当时，邓肯对这个预言并没有在意，多年之后，它却真的应验了。

晚餐后，精力充沛的保罗娃再度跳舞娱乐宾客。那一晚，邓肯和其他人凌晨五点才离开她家，临走时，她又邀请邓肯早上八点半来看她工作。邓肯实在是很疲倦，所以整整迟到了三个小时。

整整一天，邓肯看着保罗娃穿着一片薄纱站在平台上，做出各种很严格的芭蕾舞动作。旁边有一位老绅士抱着小提琴为她配合节拍。后来，邓肯才知道这位老绅士就是鼎鼎大名的佩提帕斯。

邓肯承认，保罗娃的技艺惊人，那是她无法做到的。她的身体结实似铁，柔软似胶。她美丽的脸庞呈现出一种坚毅的神情。她的动作连贯，一刻也不停。她的训练方式好像要让躯体的活动完全脱离心智的控制。这是邓肯一直反对的，她一向认为躯体是反映心灵和精神活动的媒介物，二者合为一体才是真正的舞蹈艺术。

午餐时，保罗娃脸色苍白，坐在餐桌旁几乎不能进食任何食物或饮品。下午，保罗娃将邓肯送回旅馆，然后前往皇家剧院参加一幕预演。

邓肯倒在旅馆的床上昏沉沉睡去的时候，还在庆幸自己没有成为一个芭蕾舞者。

第二天，邓肯前往参观皇家芭蕾舞学校，在那里她看到许多小学生一排一排地站着，正在练习一些令人痛苦的课程。

他们需要踮着脚尖站立数小时。这些宽敞的练舞室里，除了墙上挂着一张沙皇的相片外，没有任何美丽或动人的装饰，简直像极了一间囚房。邓肯越来越相信皇家艺术学院是自然和艺术的仇敌。

在圣彼得堡住了一星期后，邓肯转往莫斯科，那里的观众刚开始时并不如圣彼得堡的观众那么热情地招呼她，但是邓肯的表演结束后，她迅速成了莫斯科备受欢迎的舞者之一。斯坦尼斯拉夫斯基的文章中有这样一段说明：

大约在1905年间，我不记得正确的日期了，我认识了当代最伟大的两个天才，他们留给我的印象很深刻——伊莎多拉·邓肯和戈登·克莱格。我在无意间前往观赏伊莎多拉·邓肯的舞蹈发表会，我事先从来不知有这个人，而且没有看过她来莫斯科表演的宣传海报。因此我很惊讶还有不少观众来看她的演出，特别是其中大部分是艺术家或者雕刻家，像马蒙托夫等人。此外，尚有许多芭蕾舞的艺术家和经常来剧院或首度来到剧院的观众共聚一堂。邓肯一开始在舞台上露面，并没有引起很大的反响，我不习惯看到一个几乎赤裸的身躯在台上舞蹈，因此没有注意也不太明白这个舞者的艺术。第一个节目只引起一些疏落的掌声和小小的口哨声。但是经过几幕成功的演出之后，特别是其中有一节非常感人，我再也无法像其他观众那么漠然，率先鼓起掌来。

　　中场休息时，我这个伟大艺术家的新信徒，跑到台前去鼓掌，更使我高兴的是，我发觉身边站着马蒙托夫，他正和我做着相同的动作，紧邻马蒙托夫还有一位著名的艺术家、一位雕刻家和一位作家。当观众看到这一群热烈鼓掌的人士中不乏莫斯科著名的艺术家和演员时，他们感到很迷惑。这时嘘声停止了，观众也跟着大声喝彩，接着又不断响起"再来一次"的呼声。当表演接近尾声时，会场已经是一片喧腾的景象了。从那时候开始，我再没有错过一次邓肯的舞蹈会。我之所以很想看到她，无非是受到内心一股艺术感的指使。后来，当我逐渐了解她的舞蹈方式时，我才知道全世界的每一个角落，都有各种人基于不可知的原因本着自然创作的原则追寻艺术。当他们见面时，便会惊讶彼此的想法竟然不约而同。这便是我和邓肯见面时的情绪。我们似乎在交谈前就已知悉对方的思想。邓肯第一次到莫斯科时，我没有机会和她深交。但是当她后来再到莫斯科来时，她到过我们的剧院，我视她为上宾。这种接待的热忱逐渐扩大，我的同仁都加入接待的行列，因为他们已经认识到她是一个杰出的艺术家而且深深喜爱上她。

　　邓肯不懂得应用逻辑方法有系统地说明她的艺术。她的想法都是即兴而来的，就像日常生活中许多不期而遇的事。举例来说，有人问到谁是她的舞蹈启蒙者时，她回答说："舞蹈女神。从我学习站立时便能跳舞。我的一生都在跳舞，世界上所有的人也必须跳舞。现在如此，将来也是如此。如果有人要阻挠这种行为或是忽略自然赐给我们的天生需要，那都是徒劳无益的。"

那时候，我也在寻找一种创作的动力，演员们未上台前，皆应先为自己的心灵灌上这股原动力。显然，我提出的问题一定令邓肯觉得很厌烦。我常常在她演出或排演时仔细观察她，当她产生灵感时，她的表情会有显著的变化，然后她闪烁的眼神中会透出她心灵上的蜕变。回想我们多次关于艺术的讨论，比较我和她的做法，我发觉我们虽然循着不同的途径，然而最终的目标却是一致的。

这一次，邓肯在莫斯科期间并没有和斯坦尼斯拉夫斯基有过太多交往，就像文章中描写的那样，两个人的交往要延后到 1913 年。

邓肯这段时间经常到莫斯科的剧院观看各种演出，但是芭蕾舞除外，她还是无法接受这种将心灵和躯体剥离开的艺术。

俄国的食物也给邓肯留下了很深的印象，尤其是鱼子酱。邓肯似乎很喜欢它，甚至觉得在莫斯科这样严酷又多雪的气候里，鱼子酱已经治好了她与索德分开的伤痛。

离开莫斯科后，邓肯前往基辅举行短暂的演出。演出结束，邓肯走出剧院的时候，成群的学生围在剧院的广场，愤怒地和剧院的经理争吵，甚至围住邓肯，不让她通过，直到邓肯答应为他们再举行一次舞蹈会，因为他们付不起剧院的票钱。邓肯很快乐，她觉得自己的艺术对他们的心智有所激励，全世界的学生中再也没有像俄国学生们这么重视艺术和生活理想的了。

第一次到俄国的旅程不得不就此结束，因为邓肯先前另订有合同，必须要在2月间返回柏林。虽然邓肯这次访问的时间很短，但是却给俄国民众留下了相当深刻的印象。支持邓肯的人和反对者不断发生争执，芭蕾舞迷和邓肯迷甚至还发生过一次决斗。

创办舞蹈学校

邓肯回到柏林后，下定决心要开始成立她梦想中的舞蹈学校。她把这个计划告诉了母亲和姐姐，伊丽莎白对这件事情非常热心。她们立即出发寻找一所适合设立未来学校的房舍。一个星期后，她们在格鲁尼沃尔德区找到一所很大的住宅，这栋住宅先前住着一群工人，她们将它买了下来。

接着，伊丽莎白和邓肯又到商店买了四十张小床，每张床上铺着白棉布的床单，用蓝色的丝带系着。邓肯几乎将这个舞蹈学校布置成了艺术馆。房子中间的大厅里，挂上了一张比真人大一倍的亚马逊女神画像；宽敞的舞蹈室里，则有拉比亚的半浮雕作品和多纳泰罗的跳舞的小孩；在寝室里，也有许多蓝色和白色的拉比亚的婴孩雕塑作品。

　　所有的画像在他们优雅的举止和形式上似乎都有一股相连的手足之情，好像不同时代的小孩们都会越过时间的藩篱，彼此聚在一起。邓肯希望自己学校里的小朋友们能在这些画像的环绕中学习或舞蹈，这样势必能被这些画像上的孩子们的气质和氛围所感染和熏陶，也会和他们一样欢乐和优雅。这是培养孩子们优美态度的第一步，也将是迈向新舞蹈艺术

邓肯舞蹈学校的孩子们

的第一步。

邓肯还在学校里摆设了各种不同姿态的年轻女孩的画像，有正在健身房里接受各种训练的，有披着薄薄的衣裳奔跑的，还有古希腊祭仪中携手跳舞的。在邓肯看来，这些都代表未来的理想，她希望学生们能受到这些美的意念的感染。

除此之外，邓肯当然也制定了一些训练的标准。首先是体力和柔软度的训练，然后才开始舞蹈训练，必不可少的还有一些艺术上的感染和熏陶。

这些每日的自然训练主要是为了充分发展身上的每一分潜能，以便身体能成为一个完美的媒介，将内心的各种不同情绪循着这一个优美的媒介传达出来。

这些训练的初步工作先由肌肉着手，经过一些必要的体育训练后才开始舞蹈的初步教学。舞蹈的初步学习是先学习一些节奏简单的步法，随着这些简单的节奏缓缓移动，然后配着复杂的节奏学习快步法，接着再按着节奏的某段慢慢跑、慢慢跳。借着这种学习声音旋律的方法，使学生们学习动作的旋律。这些旋律能够组成最复杂和最细腻的结构。不过，这些练习仅是他们学习的一部分，学生们还要打扮得清清爽爽地在运动场、游乐场中运动玩耍，在森林里或草地上自由地跑、跳，直到他们学习到如何借动作轻松地表达自己的情绪，就如同其他人应用说话或歌声一样自然。

学生们的学习和观察并不受限于艺术的形式，而是根源于自然的景象。譬如风中的流云、摇曳的树枝、飞翔的小鸟和飘零的落叶，对他们来说都具有特别的意义。他们必须学习用灵敏的心灵去观察周围的每一件事物。他们的心中必须有一种异于常人的敏锐的感受，以便与大自然的神秘相契合。这样，他们受过训练的身体才能够和大自然的节律相唱和。

为了募集学生，邓肯在报上刊登了一则新闻，宣称伊莎多拉·邓肯舞蹈学校将开始招收有天分的儿童，让他们能够接受艺术的训练。学校突然开张，预先并没有妥善的计划、资金和组织，这实在是一个很贸然的举动。葛诺斯知道后几乎疯掉，之前邓肯坚持己见，不肯进行环球演出，跑到希腊住了一年，现在又要停止舞蹈生涯，开办学校。葛诺斯无法理解邓肯的想法。

不久之后，雷蒙德从希腊传回消息，那口井已经吃掉了昂贵的经费。随着时间的流逝，找到水源的可能也越来越小，他们的宫殿仿佛一个无底洞，不知道什么时候能填满。最后邓肯没有办法，不得不终止资金上的支持。于是，那座未完成的宫殿变成了一座美丽的废墟，屹立山顶。

邓肯决定将自己的资金集中，以便为全世界的儿童们创立一所理想的舞蹈学校。她之所以将校址选在德国，是因为那时候，邓肯认为德国是全世界的哲学和文化中心。

报纸上的招生新闻刊登之后，成百上千的儿童们前来响应。校舍旁边的整条街上都挤满了家长和他们的小孩。

邓肯对于如何选择学生显然并没有经过认真的考虑，她当时急于把学校办起来，将四十张小床填满。那时，她录取孩子们或许只因为他们有甜蜜的笑容或是漂亮的眼睛，她并没有考虑他们将来是否能成为舞者。

举个例子，有一次邓肯在汉堡，碰到一个被遗弃的四岁女孩，那是她见过的最安静的小孩。她静静地站在邓肯所在旅馆的大厅里，没有苦恼也没有发出任何声音。她的眼睛很大很明亮，像洋娃娃一样可爱。

邓肯将她带回了柏林。在途中，这个孩子发烧了，是恶性的扁桃体炎。回到学校后，经过三个星期的照顾才将她从死亡边缘救回。救这个孩子的医生叫霍法，他是一位出名的外科医生，也是一个慈善家。他非常支持邓肯创办学校的理想，因此义务充当学校的校医。

霍法医生经常对邓肯说："这不是一所学校，而是一所福利院，这里的每个小孩都有遗传病，你将会发觉，要照顾他们健康地生活下去，比教他们跳舞还要花费精力。"不难看出，霍法医生的话很有道理，但是当时的邓肯并没有放在心上。

选择学生、组织学校，以及学生们日常的生活占据了邓肯的全部时间，葛诺斯告诉邓肯，世界各地有许多模仿邓肯的舞者得到了本该属于她的财富和声名。这让邓肯多少有些不开心，但并没有影响她目前在柏林的生活状况。每天下午五点到七点，她固定教这些孩子们跳舞。

那时候，邓肯在柏林受欢迎的程度，实在令人不敢相信。

大家称她为"圣洁的伊莎多拉",甚至还谣传生病的人只要来剧院看邓肯的演出,就能不药而愈。因此如果邓肯的演出是在白天,观众们可以看到一种很奇怪的景象:许多病人躺在担架上观赏她的演出。邓肯的演出服仍是一件白色的小舞衣,穿着凉鞋光着腿肚。观众们来看她的演出,似乎是抱着一股虔诚的宗教热忱。

有一天晚上,邓肯离开剧院后,学生们拥着她来到著名的凯旋路。在路的中央,他们要求邓肯做一次演讲。邓肯站在马车上对这些学生们演说:

"世界上没有任何伟大的艺术优于雕刻。但是市中心陈列的这些东西是什么?你们是研究艺术的学生,你们不觉得它们是恐怖的吗?如果你们是真正的艺术研究者,现在就必须将那些丑陋的雕像毁坏!艺术?这就是所谓的艺术?不!它们只不过是德皇的幻影。"

这些学生们非常赞同邓肯的看法,并且准备实施行动,假如不是警察及时赶到,他们很可能已经毁掉柏林市区的那些雕像了。

灵魂的伴侣

这一年夏季的某天夜晚,邓肯在柏林演出。她的直觉告诉她,前排观众里有某些特别的人物。表演结束后,有一个身影闪进了她的包厢，然而来人似乎很生气。他一方面称赞邓肯跳得很好，一方面指责邓肯的蓝色布景是盗用了他的创意。邓肯觉得不可思议，这是她从第一场演出开始就使用的布景，什么时候变成别人的创意了。经过一番交谈，来人明白误会了邓肯，但两个人在舞蹈布景方面的不谋而合却是显而易见的。

这个男人叫做戈登·克莱格，他是艾伦·泰瑞的儿子，也是邓肯一生中极为重要的一个男人。

当天晚上，邓肯的母亲邀请他与她们一同回家用晚餐。吃完饭，克莱格和邓肯畅谈他对各种艺术的看法。

克莱格的身材高瘦，一张脸酷似他迷人的母亲，但是他的五官更细致。撇开高度不说，他长得有一点女性化，特别是他的嘴唇，既薄又性感。他的眼睛藏在眼镜后头，闪烁着一股坚毅的眼神，给人很优雅的感觉，有种类似女人的柔弱。他的手，手指很长，拇指很粗，显示出一些男人该有的刚强和力量。

这一天深夜，长谈结束之后，克莱格带邓肯到波茨坦，只为了在黎明时分到一家克莱格十分推崇的咖啡店喝咖啡。到早上九点的时候，他们返回柏林，在一个朋友那里吃了早餐，并休息了一整天。

傍晚时分，克莱格带邓肯回到他的舞室，他的舞室在柏林市区一栋高楼的顶楼。黑色的地板上了蜡，到处散落着人造的玫瑰花瓣。

这时候站在邓肯面前的是一位灵巧英挺的天才，邓肯无法自制地对他萌生出一股强烈的爱意。克莱格以相同的热情回应了这种爱意。

邓肯一度认为克莱格是她灵魂的另一半，他们之间的爱情超越了世俗所能够想象的范围。

克莱格的舞室里没有躺椅也没有凳子，甚至没有东西可吃。当天晚上他们只好睡在地板上。两个星期后，邓肯才回到家，才又出现在公众的视野中。这两个星期里，邓肯的母亲走遍了所有的警察局和大使馆，报案说她的女儿被人拐走了；邓肯的经理知道她突然失踪后，急得快要发疯。很多场表演被取消，观众不知道发生了什么事。经理还是比较聪明的，在报上解释了演出取消的原因——伊莎多拉·邓肯小姐患了严重的扁桃体炎。

邓肯的母亲对克莱格一声不吭地带走她的女儿很难以接受，她把克莱格赶出了家门。但是邓肯依旧和克莱格交往着。

在邓肯眼中，戈登·克莱格是当代最杰出的一个天才，他是改变近代整个剧院结构的推动者。如果不是他，人们见到的依旧是古老的布景，不会有随着表演产生各种变化的舞台场景。克莱格一向精神饱满，他从早到晚都神采奕奕，只要喝下第一杯咖啡后，他的想象力就纵横四海，闪闪发亮。邓肯经常和他沿街散步，并总是产生一种好像陪着一位大祭司漫步在古埃及的感觉。克莱格在散步时随身带着铅笔和纸，他常常会突然停下脚步，为柏林市区的某些建筑物和公寓画一幅素描。

当他在路上看到一棵树、一只鸟，或是一个小孩子时，他的情绪会变得很兴奋。和他在一起绝不会感到无聊。他的情绪不是处于最高潮就是极端相反，就像天气的突然转变。

经过开始几周狂野的热恋后，克莱格的天才和邓肯自己的艺术开始展开激烈的争斗。克莱格忧郁的心情变得更沉重。他一直埋头于自己的工作，并且希望邓肯能够放下舞蹈学校的事情帮助他。"为什么你不停止这一切活动？"他常常如此说。"为什么你要在台上挥舞你的手？为什么你不留在家里帮我削铅笔？"舞蹈学校是邓肯一直以来的愿望，她不可能放下。两个人开始为了这件事情不断地争吵。

每次争吵之后，克莱格都会直接摔门出去。轰然的关门声总是把邓肯推进一种莫名的悲伤里。她不停地等他，如果他彻夜不归，邓肯便不自主地终夜痛哭。这些场面不断重复，生活变得不和谐，邓肯有时候觉得无法继续下去了。这场感情开始往悲剧的方向发展。

虽然克莱格是世界上最能了解邓肯的艺术的人。但是身为一个艺术家，他的自尊心、嫉妒心使他不愿承认女人也能够成为真正的艺术家。

伊丽莎白之前为舞蹈学校召集了一个委员会，这个委员会的成员大都是柏林的名女士或贵妇人，伊丽莎白希望能从她们那里获得一些资金上的帮助。但是当她们知道邓肯和克莱格的事后，便写了一封正式的长信责难邓肯的行为，并且说明她们这些上流人士将不再赞助她的学校，因为学校的领导人丧失了道德观念。

邓肯在音乐厅举办了一次专题演讲，讨论舞蹈艺术的解放，以及妇女们有自由恋爱和生子的权利。

在这次演讲中，邓肯提出了许多非婚姻生子的例子，旨在阐述她对于婚姻和孩子的看法。邓肯不认为婚姻和孩子有必然的联系，很多人并没有因为未婚生子影响到他们获取声名或财富。撇开这些不谈，邓肯很不明白婚姻的意义何在，一个女人为何要和一个男人订下婚姻契约，当夫妻争吵时，这个男人甚至不想照顾自己的孩子。身为一个经济独立的女人，假如牺牲一切，甚至冒了生命的危险保住自己的孩子，又怎么可以让跟你有婚姻关系的那个男人在以后有任何机会说"在法律上，这个孩子属于我"，然后让他把孩子带走，而你一年只能和孩子相聚三次。

这场演讲掀起一阵轩然大波。其中一半的观众很同情邓肯，另一些人则不停地发出嘘声，并且将他们手里的任何东西丢到台上。最后，不同意邓肯看法的听众纷纷离席，邓肯和其他人继续留下来。他们接着探讨了一个有趣的话题，辩论妇女的是非，其中的一些观点比后来的妇女解放运动中的还要先进。

一直以来，生活上的苦难和不幸，母亲都能很勇敢地面对，成功却反倒让她不知如何是好。她的脾气变得很怪异，心情也开始持续地不好，没有一件事使她顺心。她开始强烈地表示想回美国，并且不断地说那里的东西比德国好上几百倍。

邓肯为了让母亲高兴，带她到柏林最高级的餐馆，问她："母亲，你想吃什么？"她总是回答说："给我来点小虾。"假如碰上不产虾的季节，她就会抱怨这个国家多么不幸，贫瘠的土地产不出虾来，然后拒绝吃其他的东西。假如刚好有这道菜，她也会发牢骚说这里的虾比旧金山的难吃多了。

邓肯认为母亲这种性格的转变，很可能归因于她所生存的道德环境。这些年来，她将自己的生命力完全奉献给了孩子们。现在她所有的孩子都找到了自己的兴趣，这些兴趣转移了他们对母亲的注意力。她发觉自己将青春完全耗在孩子们的身上，如今却空无一物。也许，很多母亲都有相同的经验。她这样暴躁的脾气越来越变本加厉，她不断表示要回到自己的家乡。过了不久，她真的回美国去了。

邓肯的心思完全倾注在舞蹈学校和那四十张小床上。儿童时期的梦想已经开始起航，而且变成了她"坚定的信念"。

初为人母

1906年初，邓肯发现自己怀孕了，但她并没有放下工作。春天，邓肯签下一个合同，前往丹麦、瑞典和德国表演。

她之所以必须做这趟旅行演出，主要是因为舞蹈学校的费用太大了。邓肯所有的积蓄几乎都投到了学校里，身上的钱已经所剩无几。

在哥本哈根的时候，她看到很多年轻少女黑色的卷发上戴着一顶学生帽，脸上洋溢着聪慧和快乐的神情，独自在街上漫步，她们的行动像男孩子们般来去自如。这使邓肯有些吃惊，因为她从来没有看过这么快乐的女孩们。后来有人告诉她，这是第一个规定女子有投票权的国家。

在斯德哥尔摩时，邓肯受到观众的热烈欢迎。演出完毕后，有一群体育学校的女生将她前呼后拥地送回旅馆。邓肯前往拜访他们的体育机构，但是并没有看到自己想要看到的东西。邓肯认为瑞典的体育理论是错误的，这种错误理论指导下的体育训练自然也是错误的。他们认为身体只不过是一种东西，只着重于静态不变的躯体，从而没有顾及想象力，没有考虑到活生生流动的身体。因此他们锻炼肌肉的方法只局限于如何使肌肉发达，而没有想到肌肉有着类似一种机器的架构，蕴藏着生长的丰富能量。

这期间，邓肯拜访了不少学校，并且尽可能地对学生阐明这一道理，但是学生们似乎无法理解。

斯德哥尔摩的演出结束后，邓肯经由水路回到德国。在船上，她的身体变得很虚弱，她自己很清楚，目前最好暂时停止旅行。

回到柏林后，邓肯又到学校照料了一阵子。6月，邓肯到了一个叫那德威克的靠海的小村落，并在附近的沙丘上租下一间白色的小别墅住了下来。邓肯把这间小别墅称为玛利亚别墅。

邓肯没有丝毫经验，她甚至以为生孩子是一件很完美很自然的事。玛利亚别墅离最近的城镇至少有一百公里，邓肯虽然请了一位当地的医生，但这位医生的医术实在很一般，可惜邓肯并不知情，反而对他很满意。

从那德威克到最近的村庄凯得威克约有三公里。邓肯独自住在别墅，每天从那德威克散步到凯得威克，然后再走回来。她的玛利亚别墅建在一处沙丘上，与附近连绵不断的沙地完全隔离。邓肯在这里住了四个月，从6月到9月。

在这段时间里，邓肯一直和姐姐伊丽莎白保持联络，她现在代理邓肯管理舞蹈学校的事务。7月时，邓肯整理出舞蹈学校的各种管理条例，又创造出一百种基本舞步。

克莱格时常到那德威克看望邓肯，但他的情绪似乎一直不是很好。邓肯并没有感到孤独，幼小的生命已经开始在她体内活动，而且越来越厉害。看着自己美丽无瑕的躯体逐渐隆起变形，邓肯并没有觉得这是一件很恐怖的事情，相反，她觉得很奇妙。邓肯每天穿过那德威克和凯得威克间的沙丘，来到海边，一面看着海浪朦胧地涌上来，吞噬了沙丘，一面漫步在沙滩上，她感觉非常快乐。

这段时间，邓肯一直拒绝接见任何访客，除了一个值得信任的好朋友。这个朋友经常骑着脚踏车来看望邓肯，并且替她带来一些书和杂志，还常常和她谈论近期的艺术、音乐和文学，这为邓肯孤独的生活增添了很大乐趣。

尽管如此，邓肯还是不可避免地陷入了情绪的低谷，她觉得很多人都离她远去了，母亲在几千公里外，克莱格也不理她，依旧沉浸在艺术中。而她自己越来越不能专注于自己的艺术，她的精神完全转移到身体可怕又奇怪的改变上。邓肯不时回忆儿童时期的旅行、青年时期在异国漂泊的情形，以及她的艺术工作，但是那些事物似乎都已离她而去，变成一幅朦朦胧胧的序幕。现在唯一真实的就只有她的孩子。

8月时，邓肯请了一位女护士金斯特到别墅来照顾她。她后来成为邓肯很要好的朋友。金斯特是个极为耐心的人，她的到来使邓肯得到了很大的慰藉。从这时候开始，邓肯似乎有点产前综合征的表现，她对生孩子这件事感到害怕了。

9月，邓肯面对自己与以往相差太多的身材，终于不再觉得这是一种奇妙的变化了，她开始为自己的体态、雄心和声名感到沮丧和挫败。不过，她并没有仇视自己肚子里的小生命，一想到孩子即将诞生，她还是很高兴。孩子的成长使得她的负担越来越重，她开始走不了多远的路程，脚踝肿胀、腰部酸疼，每个晚上都难受得无法入睡。由此可见，要享受当母亲的荣耀，所要付出的代价多大啊！

这时候，邓肯在巴黎结交的一位好友来看望她。她的名字叫凯瑟琳，她是一位非常具有吸引力的女人，全身焕发着蓬勃的生命力和勇气。凯瑟琳在玛利亚别墅陪邓肯住了一阵子。

一天下午，邓肯和凯瑟琳坐在一起喝茶，邓肯突然感到一阵剧痛……分娩时的痛苦令她几欲昏迷。两天两夜之后，孩子还没有生下来，这是非常危险的事情。到第三天早上，那个荒唐的医生拿了一大堆钳子，也没有替邓肯注射麻醉剂，便开始死去活来地将孩子往外拉。

不知道是孩子命大，还是邓肯的运气很好，这样痛苦惨烈的生产过程，邓肯和她的孩子居然都平安无事。

那是一个女孩子，水蓝色的眼睛，十分可爱。所有的痛苦在看到孩子的那一刻烟消云散，这似乎是所有母亲必然要经历的一个过程。

生产完的第一个星期，邓肯大都躺在床上。孩子满月之后，邓肯带着她与亲爱的金斯特回到舞蹈学校。学生们都很喜欢小宝宝。克莱格为她取名为迪尔德丽。

夹在两个天才之间

艾伦娜·杜斯是当时一位很有名的艺术家，邓肯经由舞蹈学校学生的家长与她相识。她对克莱格关于剧院的意见很感兴趣。他们彼此经过一阵热烈的沟通后，她邀请克莱格和邓肯到佛罗伦萨，并且希望克莱格能为她设计一个布景。于是，一行人——艾伦娜·杜斯、克莱格、金斯特、宝宝和邓肯，一同搭车前往佛罗伦萨。

一路上，邓肯很细心地照顾宝宝，由于奶水不太充足，所以必须用奶瓶喂她其他补给品。无论如何，邓肯非常高兴。因为她心目中最崇拜的两个偶像碰在一起：克莱格可以发挥他的理想，杜斯也可以在衬托她才气的背景前纵情地表演。

抵达佛罗伦萨后，杜斯住在一家豪华旅馆的皇家套房，邓肯他们则住进附近一间小旅馆。杜斯和克莱格开始初次的正式讨论时，邓肯在讨论中扮演翻译的角色，因为克莱格听不懂法文或意大利文，杜斯则连一句英文也不会讲。邓肯发现自己处在两个伟大的天才之间，左右为难，因为他们从一开始就处于敌对的态度。邓肯希望能促使他们快乐和融洽，因此说了一些善意的谎言。即便如此，邓肯也看出来，他们不可能携手合作。

杜斯表演的是易卜生的作品《野鸭》，在第一幕中，易卜生描写道"旧式而舒适的房间"，克莱格想将它改变成类似埃及神殿的样子，有极为高阔的天花板，墙壁尽量往后移。唯一不似埃及神殿的是一个大大的四方形窗户。在易卜生的描写中，从窗户看出去有一片古意盎然的林荫大道，然而克莱格却喜欢将庭院的尺寸改为十米宽，十二米长。从窗口看出去是一片热闹的景象，有黄色、红色、绿色，就像摩洛哥的某些画面。如此的改变根本不是旧式的庭园。

杜斯看起来不太满意地说："我知道那是一个小窗户，根本不可能变成大的。"

克莱格听了，用英文大吼着说："告诉她，我痛恨任何一个女人干涉我的工作！"

邓肯谨慎地将他的话翻译出来："他说他很尊重你的意见，只要你高兴，他愿意为你做任何事。"然后，又转向克莱格，向他解释杜斯的意见："艾伦娜·杜斯说，由于你是一个伟大的天才，因此她不打算对你的布景提出任何建议，只要你喜欢她便同意你。"

这些对话经常持续好几个小时。邓肯渐渐地对这种善意的曲解感到很厌烦，而且觉得很疲惫。她的健康情况有一点走下坡路，这种烦闷的会谈影响了她的身心康复。但是一想到空前的艺术表演将要展开，想到《野鸭》，想到克莱格将为艾伦娜·杜斯设计出完美的布景，邓肯觉得自己的这点小牺牲是很值得的。

克莱格开始把自己关在剧院里，面前摆着数十桶油漆和一把大刷子，他亲自粉刷背景，因为他觉得意大利的工人们无法和他沟通。他找不到适当的幕布，便用帆布一块一块地接缝起来。克莱格夜以继日地待在剧院里，很少想过要出来或吃饭。如果不是邓肯每天中午送午餐过去，他可能就没有任何东西可吃。克莱格还下了一道命令："要杜斯离剧院远一点，不准她到剧院来，如果她来了，我就马上搭车离开。"

然而杜斯却充满好奇心，很想看看剧院里头在干什么。邓肯只能设法拖住她，和她一同到公园去散步，观赏那些可爱的塑像和珍贵的花草。总之，想尽一切办法阻止她去剧院。

布景终于完成了。邓肯按照约定的时间前往拜访杜斯，并且带她到剧院。杜斯的情绪既紧张又兴奋，邓肯很害怕她这种情绪会突然爆发出来。

在前往剧院的途中，邓肯也非常紧张，几乎说不出话来。邓肯阻止杜斯从后门进去，她要别人特地打开前门，领杜斯从前门进入一个包厢。这是一段漫长的等待，邓肯感到莫名的困扰，因为杜斯不断地说，"窗户是不是和我想象的不一样？这是哪一幕的布景？"

邓肯不得不紧紧握住她的手，并且不停地拍拍她的手背说："再过一会儿——你马上就会看到，再忍耐一下。"但当邓肯一想到那个小窗户已经被放大到不成形时，就不由得没有信心起来。

经过几小时的等待，杜斯的脾气快要爆发时，幕布终于缓缓升起。

邓肯几乎不知该如何来描述呈现在她们眼前的那种令人极度惊喜的场面。她从来没有看过这么可爱迷人的景致。广大蔚蓝的天空，表现出天体的和谐和无边的高度。每个人的心灵几乎都被吸引到窗外的世界，窗外并没有小的林荫，而是一大片无垠的天空。这片蔚蓝的天空吸取了人类一切的思想、凝思，以及尘世间的愁苦。窗外融和着他的得意、他的欢乐以及他的想象的奥秘。这就是易卜生笔下的起居室吗？不知道易卜生看了会作何感想，或许他会像邓肯一样——默默无语、出神忘我。

杜斯沉默了好一会儿，也为这样美丽的布景所震撼。然后，她开始赞叹这项艺术工作，她的情绪特别兴奋，拉着邓肯走出包厢，走过幽暗的走廊，爬上舞台的台阶，然后高声喊着："戈登·克莱格！过来！"

克莱格从舞台的侧翼走出来，看起来就像一个害羞的小男孩。杜斯兴奋地拥抱他，接着又说了一大串意大利话来赞美他，由于她说得太快了，邓肯根本来不及翻译给克莱格听。

克莱格得到了这样的认可，似乎并不像邓肯和杜斯那么激动，他沉默了很长一段时间，当然，邓肯理解这就是他情绪激动的一种表示。

杜斯叫所有的工作人员集合。她热情地对他们赞扬克莱格的才华，并宣称自己以后的演艺生涯将会一直和克莱格合作下去。然后，又滔滔不绝地批评近代艺术的趋向、近代化的布景，以及演员生命和职业的概念。

邓肯当时很快乐，她想象着艾伦娜·杜斯将在克莱格的配合下展现她迷人的技艺。她想象着克莱格的前途很光明，剧院的艺术也会蓬勃兴起。但是，邓肯明显忽略了一点：人的意志是很薄弱的，特别是女人。而杜斯也只不过是一个女人，虽然她有卓越的天才——以后的事实印证了这一点。

《野鸭》上演的首夜，一大群热情的观众挤满佛罗伦萨的这个剧院。当幕布缓缓升起时，全场发出了一阵赞叹声。这是很自然的反应。直到很久以后，在佛罗伦萨的艺术界人士都还记得《野鸭》首度上演的盛况。杜斯穿着一件白色的袍子，宽大的袖子在两旁摇曳生姿。她精彩绝伦的演出，完美地配合着周围的线条和光线。她不停地变换姿势和动作。她的演出好比一个女预言家在宣读伟大的预言。

演出结束后，他们怀着激昂的情绪离开剧院，克莱格显得非常兴奋。他看到自己眼前的光明远景，为艾伦娜·杜斯从事一连串伟大的奉献，他现在颂扬她就如同从前厌恶她那么激烈。只可惜，这一晚是唯一的一次，杜斯在克莱格的布景前展露她的表演天才。

兴奋的情绪平静下来后，有一天早上邓肯到银行去，发现她的存款所剩无几。宝宝的出生、舞蹈学校的开支，以及这次到佛罗伦萨的费用，将她的全部积蓄用完了。邓肯自然得设法补救，这时候，圣彼得堡的一位剧院经理寄来一份邀请书，问她是否准备好再度前往俄国表演，同时还附了一份在俄国巡演的合约。

因此，邓肯离开了佛罗伦萨，把宝宝托付给金斯特照顾，独自搭乘火车前往圣彼得堡。我们可以想见，对邓肯而言这是一段多么痛苦的旅途。这是她首次和宝宝分离，而且离开克莱格也令她很难过，再加上她的健康状况时好时坏。宝宝还没有完全断奶，有时候邓肯必须用吸乳器将发胀的奶水吸出来。所有这一切都令邓肯痛苦不堪。

当邓肯再度面临覆满厚雪的大地和森林时，她心里有些不自信了。她已经忽略自己的舞蹈很久了，不知道还能不能像以前一样。然而热情的俄国观众仍然如往日那般热烈地欢迎邓肯，甚至包容她在舞蹈时所出的差错。

病痛的折磨

邓肯十分挂念在佛罗伦萨的亲人，因此这次的俄国之行被尽量缩短。邓肯接下一份合约前往荷兰演出，因为到荷兰去将使她更接近她的学校以及她渴望见到的朋友们。

在阿姆斯特丹登台的第一晚，邓肯觉得有一阵很奇怪的痛楚袭上来。表演结束后，她体力不支，昏厥在台上，最后被人抬回旅馆，一连数星期，邓肯枕着冰袋躺在一间阴暗的房间里。医生说邓肯得的是神经炎，当时的医疗条件对这种病束手无策。接连几个星期，邓肯无法吃任何东西，只能被喂一些混着鸦片的牛奶，整天神智模糊不清，昏昏沉沉地睡着。

克莱格急忙从佛罗伦萨赶来照顾邓肯。他陪邓肯住了三四个星期，还充当她的看护，直到有一天他接到一封杜斯打来的电报，上面说她正在尼斯演出《野鸭》，布景不太合适，希望克莱格能马上过去。

这时候，邓肯的身体有所好转，克莱格便动身前往尼斯。邓肯看到这张电报时，突然萌生一种不好的预感，因为她没有到那里充当翻译，缓和他们之间的冲突，不知道这一次的合作还能否顺利进行下去。

克莱格在某天早上到达尼斯的一家剧院，在里面发现他的布景被分割为两半，不过这件事情杜斯事先并不知情。克莱格看到自己在佛罗伦萨呕心沥血的作品被切断，被糟蹋，自然变得极端愤怒。更糟糕的是，他立刻冲到台下对着站在台上的杜斯大吼："看看你干了什么好事？"他咆哮着对她说："你破坏我的作品，你毁灭我的艺术！亏我曾经还对你抱着那么大的期许！"

他丧失理智地继续吼下去，直到杜斯被激得怒不可遏，她这一辈子还从来没有遭遇过这么无礼的态度。后来她告诉邓肯说："我从来没有看过这样的男人，从来没有人用这种方式对我说话。他用六尺多高的身躯挡住我，双手交叉、愤怒地说出那些话。从来没有人敢在我面前那么放肆，我气愤到极点，指着门对他说，滚！我再也不要见到你。"

这两个人的合作到此画上句号。

邓肯到达尼斯时，身体非常虚弱，是被人从火车上抬下来的。

杜斯并没有因为和克莱格的不愉快而迁怒于邓肯，她住在邓肯附近的旅馆，同样生病在床。她派人送来许多安慰邓肯的短笺，同时还请她的医生过来看望邓肯。这位医生不但很细心地照顾邓肯，后来也成为邓肯的好朋友。邓肯的复原期很长，她的心情总是被一些莫名的苦痛所纠结。

这时候，邓肯的母亲赶来照顾她，金斯特也带着宝宝来和她们团聚。宝宝的身体很健康，而且一天比一天漂亮。她们一同搬到曼特波隆，住在一栋光线充足的别墅里，邓肯又逐渐恢复了元气。然而生活的压力却越来越沉重，为了应付生活的开销，邓肯没过多久又到荷兰去做巡回演出，尽管她仍然感到很虚弱，而且精神不振。

在身体遭受很大折磨的同时，最近一段时间又发生了这么多事情，邓肯的精神已经到达崩溃的边缘了，她已经无法忍受和克莱格一起生活，她明白他们的分开是注定的。但是同时，她又害怕失去他，舍不得结束这段感情。

要和克莱格在一起就必须放弃自己的艺术、人格，甚或是全部生命；若是和他分开，又要面临一连串沮丧和悲伤的吞噬，邓肯从没有面临如此两难的抉择。

晚上，邓肯经常幻想克莱格爱上了其他女人，这些想象不断勾起邓肯的怒意和颓丧。她无法工作，无法跳舞。

邓肯知道必须解决这种情况。无论是克莱格的艺术，还是她的艺术，都不可能被放弃。也许只有时间能够慢慢解决这个问题。

邓肯认识了一个新朋友，那是一个漂亮活泼的年轻人，叫毕姆。邓肯邀请他一同前往俄国做一次漫长的旅行。阿姆斯特丹的最后一场演出结束后，邓肯和毕姆先乘车到乡间。

那是一个多雾又寒冷的夜晚，大地呈现一片茫茫雾气。车行走在运河边上，很危险。凌晨两点钟，他们终于到了车站，住进一家旅馆。第二天早上，他们搭快车前往圣彼得堡，邓肯从没有哪一次旅行像这次一样充满快乐，还带着一点类似私奔的刺激感。

毕姆笑口常开，经常蹦蹦跳跳，他的单纯令邓肯得到了短暂的快乐。这种快乐使得邓肯一步步脱离绝望的深渊，避免了精神崩溃的悲惨结局。在毕姆的影响下，邓肯开始尝试忘掉忧郁，生活在无牵无挂和快乐的那一刹那。邓肯的舞蹈也充满了新的生命力和欢乐。

也就是在这时候，邓肯编成了"短暂的音乐"，这是俄国的观众们很喜欢的一个舞曲，每天表演都要重复跳五六次。这首舞曲是毕姆给她的灵感。

向着梦想再出发

新的尝试

如果邓肯将舞蹈视为一种独舞，那么她的工作就会单纯很多。她已经成功了，是各国竞相网罗的舞者。但是她却被一个学校的想法所环绕，她无数次在脑子里幻想一个大团体共同舞出贝多芬的第九交响曲的样子——那将会是怎样的震撼和轰动！

怀着这样的梦想，邓肯回到舞蹈学校，教导那群学生们跳舞，他们已经有良好的舞蹈基础，这更增强了邓肯完成一个舞蹈交响乐的信念。

邓肯每天教孩子们交错、环绕、结合、分开，永不停止地舞动。他们一天比一天强健，也越来越柔韧。灵气和圣乐充满他们的身心和脸庞。但是学校的开销也让邓肯越来越力不从心。

邓肯决定带这些孩子到不同的国家去演出，看看有哪个政府能了解这种教育的意义，然后给她一个机会，使她能够实现大规模的舞蹈计划。

邓肯首先在德国开始了尝试，每一场演出结束后，她都会对观众做一次演讲，希望他们帮忙将这种艺术形式中表现出来的意义，传达给其他人。

不久之后，邓肯发现想要在德国争取到援助是不可能的。德国皇后的眼光非常狭窄，她每次去参观雕刻家的工作室，一定会派她的侍从用布将那些裸体像盖住。这种极端的普鲁士制度，根本不可能实现邓肯推广舞蹈工作的理想。

紧接着，邓肯考虑到俄国，她在那里受到过热烈的欢迎，还赚了不少的钱。或许可能在圣彼得堡设立一所舞蹈学校。1907 年 1 月，邓肯和伊丽莎白带着二十个学生到圣彼得堡旅行演出。结果并没有成功。虽然当地人很喜欢邓肯的艺术，但是皇家芭蕾舞在俄国已经根深蒂固，邓肯的艺术根本无法动摇它的地位。

邓肯带着她的学生们参观圣彼得堡的芭蕾舞学校。芭蕾舞学校的学生们就好像被关在笼子里的金丝雀，很羡慕这群在大自然中快乐翱翔的燕子。要在这里设立一所表现人类自由精神的学校，时机还不成熟。

在德国和俄国的尝试失败后，邓肯决定到英国试试看。1907 年夏天，她带着一群学生前往英国，经由著名的经纪人乔瑟和查尔斯的安排，她们在约克公爵的剧院一连表演数周。伦敦的观众视邓肯和她的学校为一种迷人的娱乐，但并没有给她提供任何关于建校的实质上的帮助。

在伦敦，邓肯见到了很多以前的朋友，查尔斯·哈尔、道格拉斯·安斯利等，克莱格的母亲艾伦·泰端也经常到剧院来观赏她们的演出。皇后曾经两次莅临剧院的包厢，除此还有很多的贵妇也到剧院来欣赏她们的演出。

不论如何，邓肯在伦敦设立学校的愿望并没有实现，而庞大的开销也无以为继。邓肯不得不将学生们带回德国的舞蹈学校，她自己则签下了一个前往美国演出的合同。

这一年，邓肯的女儿迪尔德丽已经快满一岁了，她有着金色的头发、玫瑰红的双颊和蓝色的眼睛，长得很可爱。邓肯要离开她到大西洋的另一端，自然十分不舍。

美国之舞

7月的某一天，邓肯独自一人在一艘开往美国的大船上。从她搭乘运牛船离开美国，已经过去整整十年了。与当初相比，邓肯已经扬名欧洲，并且创造了一种艺术、一间学校，和一个宝宝。收获似乎颇为丰硕，然而，经济状况却并没有太大的改善。

8月，查尔斯安排邓肯配合一个小乐队，在百老汇表演格卢克的《伊菲格尼亚》，以及贝多芬的第七交响曲。结果一败涂地。为数极少的观众冒着高温，在酷热的夜晚到剧院来看邓肯的舞蹈，然而他们大都看不懂她要表现什么，所以显得很不高兴。这次演出的评论几乎是一边倒的批评。这使邓肯觉得，此次返回祖国是一个大错误。

有一天晚上，一个身材不高，但很魁梧，有一头棕色的卷发和一脸迷人微笑的男人来拜访邓肯。他毫不吝啬自己对邓肯的艺术的赞美，这让邓肯觉得自己几天来在纽约遭受到的奚落都得到了补偿。这个人是伟大的美国雕刻家乔治·格雷·巴纳德。从那天开始，他每天晚上都来看邓肯的舞蹈，而且还时常带他的艺术家朋友、诗人朋友来。其中有伟大的戏剧家戴维·贝拉斯科、画家罗伯特·亨利、画家乔治·贝洛斯、画家伯西·麦凯，以及画家马克·伊斯曼。

这些诗人和艺术家的热情，使邓肯觉得很快乐，补偿了纽约的观众们对她的冷淡和疏忽。

那时候，巴纳德有一个主意：要为邓肯雕刻一座跳舞的塑像，称之为"美国之舞"。于是，10月的某一天，秋高气爽，邓肯和巴纳德离开他的工作室，前往华盛顿高地，他们站在一座小山丘上，眺望四周的田野。邓肯张开手臂，想象着巴纳德想在雕像中表现出来的意义。之后，邓肯每天早上都到巴纳德的工作室，并且还带着一个午餐盒。他们在一起共度了许多快乐的时光，讨论振兴美国艺术的新计划。

在巴纳德的画室里，邓肯见过一座年轻女子迷人的半身躯干像，他告诉邓肯那就是艾维莉没有遇见亨利之前的样子，那时候她还是一个很纯洁的少女。她的天生丽质感动了所有的艺术家。

"美国之舞"的雕刻工作有一个好的开始，然而却没有完工。因为开始不久后，巴纳德的夫人突然生病，邓肯的雕像只好半途而废。邓肯一直期望这件作品能成为巴纳德的得意杰作，结果它并没有成为他最伟大的作品。巴纳德最伟大的作品是亚伯拉罕·林肯的雕像。

查尔斯发现在百老汇卖座的情形不佳，便带邓肯到各乡镇表演，但是这次的安排也很糟糕，结果比在纽约的情况还要失败。最后，查尔斯无可奈何，他开始劝说邓肯回欧洲。邓肯的自尊心受到很大伤害。但是巴纳德曾经告诉她，他以邓肯是一个地道的美国人为荣。邓肯觉得如果巴纳德知道美国无法接受她的艺术，将会对他造成很大伤害。因此，邓肯决定仍然留在纽约。她在艺术大厦租了一间舞室，挂上蓝色的窗帘，铺上地毯，继续创作一些新作品，每天晚上为诗人和艺术家们跳舞。

1907 年 11 月 15 日的《太阳报》上曾经这样描写邓肯跳舞的情形：

> 她（伊莎多拉·邓肯）穿着一件中国式的刺绣的衣裳，黑色的长发松松地盘在颈背，前面落下来的头发自然地分散在脸庞两边，看起来就像圣母玛利亚。至于她的脸，翘翘的鼻子和蓝灰色的眼睛。很多报纸描写她身材高大又匀称，是一件艺术的胜利品。事实上，她只有五尺六的高度，体重一百二十五磅。
>
> 琥珀色的灯光柔和地照着，天花板的中央是一个黄色的圆盘灯，光线轻柔，使得气氛非常迷人。邓肯

小姐说："绘画、雕刻、音乐、诗歌，这些艺术已经将舞蹈远远地抛在后头。我这一生所致力奉献的目标，便是恢复这种失传的舞蹈艺术。"

当她开始讲话时，她站在这群诗人旁，但是当她讲完时，她却站在屋子的另一端。你根本不知道她什么时候走到那边去的。她的朋友艾伦·泰瑞和她一样，常常让人忽视空间的距离。

她不再是一个忧郁、面露戚容的女主人，而是成了一个异教徒。在破裂的大理石上自然地跳出舞步，好像这是世界上最值得做的事。

难怪她这几年来已经厌倦站在那块大理石上娱乐英国的贵族们，虽然他们并不很赞赏她的艺术。展现在我们面前的是一连串塔纳格拉的小雕像、巴特农神庙的雕刻、装饰墓碑的悲伤的花环，以及酒神的狂放。你看到的仿佛是她，实际上却是人类真情的流露。

邓肯小姐承认她将全部生命致力于复古，致力于寻回失落了数代的质朴。

"在很久以前，我们称为异教徒的时代，每一种情绪都由动作来表现，"她说，"灵魂、肉体、心灵完美而和谐地共同努力。看看古希腊雕刻家所捕捉的男人和女人的神情，实在不太像凿刀能够刻得出来的。你几乎可以看出他们要对你说什么，如果他们能开口，其实即便他们不能开口也无所谓，因为你已经明白他们的心意。"

然后她停止说话，再度跳起舞来，一个琥珀色的身影，将玫瑰花撒在雅典神的神座，在爱琴海深红色的浪潮上漂浮。这时候诗人们专心看着，预言家轻拂他的胡子，其中有一个人引述济慈的希腊短诗：

是谁要来献祭？

美是真理，真理是美——这是一切。

你们所知道的世界，你们必须知道的一切。

《艺术杂志》的主编玛丽·罗伯兹很欣赏地说，邓肯小姐的说明是她的工作的最好总结，她说："当伊莎多拉·邓肯舞蹈时，好像将人的情绪牵回几世纪以前。退回到世界的初期，那时候心灵还能自主地表达出身体的优美，情绪的节奏还能配合大自然的韵律，人的动作与风和海相结合，妇女的手臂就像玫瑰含苞待放，当她的脚轻轻地踩在草地上，就好像一片落叶缓缓飘到地面。当一切宗教、爱情、爱国和牺牲的炽情都借着音乐宣泄出来，男人和女人在他们的神坛或是森林、海边尽情地舞着，因为他们体会到了生命的快乐。这种快乐非常强烈，驱使心灵不得不借着身体的媒介，完美地和宇宙的旋律相融合。"

邓肯后来很庆幸自己没有因为一时的打击而离开美国。因为，有一天，有一个男人来到她的舞室，他后来帮助邓肯重新获得了美国观众的爱戴，这个人就是沃尔特·戴洛斯。他曾在剧院看过邓肯舞出贝多芬的第七交响曲，那次表演很失败，戴洛斯认为完全是乐队配合的问题。他认为假如换上他自己那高水平的乐团和优秀的指挥，邓肯的舞蹈一定会发挥出惊人的效果。

戴洛斯提议邓肯于 11 月底在大都会剧院举行一连串的表演，邓肯欣然答应了他的安排。

结果正如戴洛斯所料，首次演出时，查尔斯想要找一个包厢的位子，却惊讶地发现剧院里座无虚席。这次的经验证明一个事实，不论艺术家多么伟大，如果没有适当的配合，再伟大的艺术也可能被埋没。

这次的巡回演出非常成功，指挥、乐团和邓肯之间的配合几乎天衣无缝。

邓肯和戴洛斯之间很有默契，对于他的每一个姿势，邓肯都能立刻感到一种相和的震撼。当他强调乐音的高度时，邓肯觉得自己的生命都要化为舞蹈姿势飞扬起来了。每一个音符化为一个动作时，邓肯的整个心灵就完全和戴洛斯紧紧地契合。

这之后在美国的日子，成了邓肯一生中最快乐的一段时光。只是，她患了严重的相思病，当她跳第七交响曲时，她不断地幻想着，如果她的学生们现在可以和她同台演出，那将会是怎样快乐的场景。

在华盛顿演出时，邓肯遇到一场大风波，有些教会人士激烈地反对她的舞蹈。但是，事情却总是出人意料，在某天下午的演出中，罗斯福总统亲自光临剧院的包厢。他似乎很欣赏邓肯的舞蹈，每一幕结束时，都率先鼓掌，后来他写信给朋友提起此事时说："教会人士能从伊莎多拉的舞蹈中找出什么坏的影响？我看她就像一个纯洁的小女孩，清晨时在阳光照耀下的花园中跳舞，愉快地攀摘美丽的花朵。"

罗斯福的这种说法，曾经被许多家报纸引用，并传播开来，这使得那些教会人士很羞愧。

除了这件事之外，整个旅行演出都很快乐而且也很顺利。邓肯认为再也找不出比戴洛斯更好的指挥家或者更吸引人的伙伴了，他温文儒雅的态度，颇具有艺术家的风范。每当他闲暇时，他会好好享受一顿晚餐，并且不停地弹琴，很少显露倦容。他一直很亲切、轻快和愉悦。

当他们回到纽约后，邓肯很满意她的银行账户里又有一笔为数可观的存款了。假如不是因为强烈地挂念着宝宝和学校，邓肯可能不会离开美国。

1908 年 2 月，邓肯在码头挥别一群前来送行的朋友，乘船回到欧洲。

扶持

伊丽莎白带着二十个学生和邓肯的宝宝来巴黎和邓肯会合，邓肯非常快乐，她已经很久没有见到女儿了。女儿似乎不太认识她了，她用一种很奇怪的表情注视着邓肯，然后开始大哭。自然地，邓肯也跟着哭出来，那应该是一种很微妙的心情。她的学生们也都长高了。

经过一段时间的休整之后，艺术家路根·波勒格替邓肯安排在巴黎演出的事宜。他也将艾伦娜·杜斯、苏萨尼·德普雷和易卜生都请到巴黎来。他认为邓肯的舞蹈需要有一个良好的布景来衬托，于是便安排她在快乐剧院演出，由科罗尼指挥的乐团伴奏。

邓肯的这场演出在巴黎造成了空前的轰动，著名的诗人亨利·拉维达、皮埃尔·米勒都曾写了感情热烈的评论赞扬邓肯的舞蹈。

接下来的每一场演出中，总是有很多艺术界和学术界的知名人士来观看。邓肯觉得自己几乎快要完成梦想了，她所期待的学校应该可以很容易地办成。

邓肯在巴黎租下两层很宽敞的住宅，自己住在一楼，所有的学生和女管家们则住在二楼。

有一天，在演出开始前，迪尔德丽没有任何征兆地突然呛到，咳嗽不止。邓肯很害怕，怀疑她得了什么急病，马上送她去医院，找一个著名的儿科专家为她检查。结果显然是邓肯太紧张了，医生说这并不是什么严重的病，只不过是单纯的咳嗽罢了。

那天的演出，邓肯迟到了半个小时。科罗尼正用音乐艰难地独撑场面。

那时候的巴黎有一件文艺界的盛事，就是布利森舞会，所有的艺术家和文人都会被邀请参加。每一个人前往参加时，都要用不同的头衔。邓肯化装成希腊悲剧诗人的女信徒，慕尼特·苏里穿了一件希腊式的长袍，扮演酒神。当晚，邓肯和他跳了一个晚上的舞，她想改变慕尼特轻视现代式舞步的态度。结果，两个人的举止被绘声绘色地形容成一件丑闻。

　　这时的邓肯已经濒临破产的边缘。她的收入无法维持学校的庞大开销，她将赚来的钱用来栽培四十个学生，他们一半留在德国，一半在巴黎。除此，邓肯还不时地帮助其他人。有一天，邓肯开玩笑地对姐姐伊丽莎白说："不能这样子下去！我的银行存款要透支了。假如学校要继续维持下去，我们必须找一个百万富翁。"

　　没想到这个玩笑后来竟然成真。

　　有一天早上，在快乐剧院结束演出之后，邓肯穿着一件便袍坐在镜前，她将头发卷起来，准备下午的演出。女仆拿了一张名片进来给邓肯，上面写着一个鼎鼎大名的名字——罗恩格林，这是一个百万富翁。

　　他走进邓肯的化妆室，身材高大，留着金色的卷发和胡须。他的声音很迷人，但是看起来有一点害羞。

　　邓肯觉得她似乎见过罗恩格林，但是在什么地方呢？后来，邓肯想起来是在波利拉王子的丧礼上，她与王子的家属握手致哀时，面前站着一个高大的男人，那就是罗恩格林。当时两个人并没有什么交谈，只是打了一个照面。

罗恩格林对邓肯说："我崇拜你的艺术，和你为了理想而奋斗的勇气。我是来帮助你的。我能为你做什么？如果你愿意，可以带着这群学生住到尼维拉海边的一栋小别墅，在那里编创你的新舞蹈。至于费用问题，你完全不用担心。你已经从事了一项伟大的工作，一定觉得有一点疲倦。现在，其他的一切包在我身上。"

一个星期后，邓肯带着她的学生坐在头等车厢里，前往尼维拉。罗恩格林在车站等他们。他带他们到海边的一栋小别墅，近海处有一艘他的白帆船。

孩子们穿着蓝色的舞衣在橘子树下跳舞，他们的小手中握满了花朵和果实。罗恩格林对孩子们非常和善，又很关心他们，尽量使每个孩子都住得舒服。他对孩子的奉献，使邓肯除了感激之外，对他更多了一份信任。经过这段时间的接触，在邓肯心里，罗恩格林已经成了骑士的形象，带着保护和解救的意味。

学生们和邓肯住在这栋别墅里，罗恩格林则住在不远处的一家豪华旅馆。他时常邀请邓肯共进晚餐。有一次，邓肯穿了一件简单的希腊式舞衣前往赴宴，结果那里有一位女士穿了一件镶满钻石和珍珠的艳丽大衣。对比之下，邓肯不免觉得稍显尴尬。

有一天晚上，罗恩格林邀请一大堆朋友到卡西诺参加嘉年华舞会。他提供给每个客人一套小丑的服装，那套服装是由轻飘飘的自由缎裁成的。那是邓肯第一次穿着小丑的服装，也是她第一次参加一个公开的面具舞会。那一晚邓肯非常快乐。但是舞会期间，邓肯接到一个电话，别墅里的女仆打电话来说，埃丽卡突然得了喉炎，很严重，可能会死。埃丽卡是邓肯的一个学生。邓肯很着急，冲到餐桌旁寻求罗恩格林的帮助。罗恩格林当时正在宴请他的客人，可是听到邓肯所说的情况，二话不说，马上带着邓肯开车去找医生，然后火速地赶回别墅。当时，小埃丽卡几乎快喘不过气来，她的脸色发黑。医生开始为她诊断。邓肯他们站在床边，焦虑地等候诊断结果。两个小时后，第一缕晨光已经悄悄地从窗口透进来，医生宣布孩子获救了。泪水滚下邓肯的脸颊，脸上之前为扮成小丑而涂的油彩都被泪水溶化。返回卡西诺的路上，罗恩格林紧紧地拥抱着邓肯，表达了他对她的爱。舞会并没有因为邓肯和罗恩格林的离场而终结，在他们回来后，气氛才达到高潮。

舞会结束后，罗恩格林继续陪着邓肯，他对孩子们的慷慨解囊，以及在小埃丽卡生病时所表现出来的焦虑和痛苦，所有这些态度赢得了邓肯的爱。后来，罗恩格林还曾带着邓肯和她的学生们出海航行，那真是一段十分快乐的日子。

当然，快乐不会是从头到尾的节奏，期间也有一些不愉快的小插曲。譬如，航行中，邓肯经常自说自话，对罗恩格林解释她对生活的看法，关于柏拉图的《理想国》，以及世界的改造等。罗恩格林是一个商人，追求的是实际的利益，理想之类在他看来都是很可笑的东西。他越来越难以接受邓肯那种改革者的身份，他们的冲突几乎达到白热化。有一天晚上，罗恩格林问邓肯最喜欢哪首诗，邓肯非常兴奋地将惠特曼的《自由之路》念给他听。就在邓肯陶醉在自我意识中时，罗恩格林激烈地批评惠特曼是个"连自己都养不活"的人，他的诗歌更是"无聊的东西"。邓肯与他针锋相对，维护惠特曼提倡的自由美国的理想，可是罗恩格林说，"理想只配下地狱！"

邓肯立刻意识到罗恩格林作为一个商人对于美国的理想只是不断增设许多为他赚钱的工厂而已。但是这些分歧不足以让邓肯离开罗恩格林。从这件事中我们可以看出邓肯对于爱情的矛盾心理，这个男人已经和她无法和谐共处了，却还是不舍得放弃。总是幻想着这些争执微不足道，两个人还是能够快乐地生活下去的。

当这艘华丽的游艇驶进蔚蓝的地中海时，邓肯开始有些不安。这些日子以来日夜不断的欢宴，以及不顾一切的享受，和邓肯早年那种艰辛的奋斗生活形成了强烈的对比。她觉得生活好像失去了些什么。

一行人在庞贝流连了一天，罗恩格林有一个浪漫的想法，希望看到邓肯在月光下的贝斯登神庙跳舞。他马上在当地请了一个小乐团，安排他们先到神庙。但是这天，刮起一阵夏季的暴风，并且下了一场大雨。两天之内，他们的船都无法驶出港口。后来，当他们到达贝斯登神庙时，发现那群演奏者全身湿淋淋，面上是哀戚的表情，坐在神庙的阶梯上，他们已经在那里等了整整二十四个小时。

罗恩格林叫人准备了数打酒和一只小羊，他们学着阿拉伯人的风俗用手抓来吃。这群饥饿的乐团成员们一下子吃喝得太多，又由于之前等得很疲乏，几乎提不起精神来演奏。这时候，又开始下起毛毛雨，他们不得不全体搭船前往那不勒斯。乐队成员们打起精神，在甲板上为邓肯伴奏，但是船身摇晃得很厉害，他们一个接一个脸色发青，纷纷躲到船舱里。这就是罗恩格林浪漫想法的最终结果。

之后，罗恩格林想继续在地中海航行，但是，邓肯和经理还有合约在身，她必须前往俄国演出。罗恩格林只得结束航行，带邓肯回到巴黎，如果不是担心护照难办，他一定会陪邓肯到俄国。分别时，罗恩格林送给邓肯的花摆满了车厢，他们依依不舍地互道珍重。其实这是一种很微妙的心情，当我们和所爱的人分手，虽然我们很可能被极度的悲伤所吞噬，但是，我们却又同时有着一种解脱的快感。

这次邓肯在俄国的演出如同前几次一样成功，但是邓肯的私人生活上发生了一些事情。一天下午，克莱格来看望邓肯，邓肯以为只要不提起学校、罗恩格林或其他事，他们可以很单纯地体会重逢的喜悦。

克莱格的精神很好，他正在为斯坦尼斯拉夫斯基的艺术剧院做《哈姆雷特》一剧的布景。斯坦尼斯拉夫斯基剧团里的演员们都很欣赏他的帅气、才华和充沛的精力。他经常和他们谈论剧院的艺术，而且一连数小时，这些演员们往往尽力跟随他那些奇妙的念头。

邓肯动身前往基辅的前夕，她邀请斯坦尼斯拉夫斯基、克莱格和她的秘书在一起吃晚餐。吃到一半时，克莱格忽然问邓肯是否愿意和他一起留下来，邓肯一时无法作答。克莱格突然露出他以前惯用的愤怒的表情，离席而去。

第二天，邓肯和秘书搭乘火车前往基辅，几场演出后，回到巴黎。罗恩格林开始带着邓肯游走于巴黎的上流社会，邓肯开始了解巴黎真正上好的饭馆，她第一次注意到松露、蘑菇的不同烹饪价值，她开始慢慢知道葡萄酒的年代，以及哪一年出产的酒最能合乎嗅觉和味觉的满足。除此之外，邓肯还学到许多以前不曾注意的事。

这段时间，邓肯第一次去拜访了一位时髦的服装设计师，她沉迷于各种美丽的衣料、色彩、样式，甚至帽子也对她有极大的诱惑。

邓肯以前向来都是穿着一件白长衫，冬天是毛料，夏天则是棉布或亚麻，但是现在，邓肯有些屈服于这些美丽服装的诱惑了。她开始尝试穿不同风格的衣服，当然还是很讲究她个人的品位。

度假尼罗河畔

9月，邓肯带着宝宝前往威尼斯，然后又到利多的海边。

她时常和迪尔德丽一起在沙堆玩耍。她花了很多时间思考自己的艺术和爱情之间的关系，结果不免陷入一种矛盾，邓肯觉得她的人生继续下去的原动力就是爱情和艺术，但是爱情却常常损及她的艺术，而艺术对她急切的召唤也往往使她的爱情陷入悲剧的结局。这两种因素从来不曾妥协，只是不断地发生冲突。

在这种精神的困扰下，邓肯到米兰去见了一位医生朋友，将自己的困扰告诉他。

这位朋友理解邓肯的困惑，但对她曾经为了爱情放弃艺术的想法觉得很不可思议，他劝告邓肯千万不要做这样违反自己本心的事情。

邓肯听了他的话，却仍然犹豫不决。其实爱情与艺术的权衡在邓肯心里已经不是第一次了，这时候她又想起这件事情，是因为她发现自己又怀孕了。有时候她心里非常厌恶为了生产再度扭曲身体的样子。她的身体是表现艺术的工具。但是，这样一个小小的生命，却是邓肯无法放弃的。

邓肯离开朋友后，单独待了很久，她必须想清楚。旅馆卧室的墙上挂着一幅画，画上是一个穿着十八世纪衣服的女人，邓肯觉得这个女人在蛊惑她，她听见她说："无论你做任何决定，结果都是相同的。我曾经显赫一时，现在还不是被死亡吞灭了一切。为什么你还要如此痛苦地将生命带到这个世界上来呢？"

邓肯在自己的臆想中陷入极端的痛苦。最后，她站起来，对着画上的女人说："不，你不能妨碍我。我相信生命，相信爱情，相信自然定律的神圣。"

之后，邓肯回到威尼斯，她告诉迪尔德丽，她会有一个小弟弟。迪尔德丽很高兴的样子。邓肯还打了一通电报给罗恩格林，罗恩格林得到消息后立刻赶到威尼斯。他看起来非常高兴，充满了欢笑、爱意和柔情。

10 月，邓肯为履行之前的合约，搭船前往美国。罗恩格林不放心，随行陪同。

罗恩格林从来没有到过美国，所以格外兴奋，其实他的身上也有美国的血统。他们住在船上最高级的套房，每晚品尝着替他们准备的特别的餐点，这种旅行像极了贵族式的生活。邓肯忽然觉得和一个百万富翁旅行实在省事多了，什么都不用自己考虑。

这次到美国的旅行演出非常愉快，也很成功。某一天，演出结束后，一位女士跑到邓肯的化妆室，她看上去神色惊慌，她对邓肯说："亲爱的邓肯小姐，我坐在前排都看得一清二楚，你不能这样子继续下去。"邓肯回答她说："夫人，这正是我的舞蹈所要表现的内涵。爱情、女人、形态、春天，每一件事都活在创造新生命的希望中。这便是我的舞蹈的意义。"

这位夫人显然不是很理解邓肯的话。不过，不管怎么说，对于一个怀孕 5 个月的女人来说，继续活跃在舞台上毕竟不是明智的选择。邓肯决定尽快终止这次旅行，回到欧洲。

奥古斯汀和他的女儿此次随邓肯一块儿回欧洲，他已经和妻子离婚。

之后，罗恩格林提议和邓肯前往尼罗河过冬。

这段旅程对邓肯而言真是太宁静也太美丽了，同时，她又怀着新生命来临的期望。从古埃及国王的神庙，经过金色的沙漠，到达法老神秘的墓穴。肚子里的小生命似乎也在领会这次经过死亡和黑暗的旅程。

邓肯在艳丽的晨曦、绯红的夕阳、金色的沙漠和神庙间，幻想法老的生活，也幻想她即将出世的宝宝。迪尔德丽对在各处看到的景象都十分好奇，不停地指着一些新奇的东西让邓肯看。夜晚，炙热的太阳隐藏起来，黄沙掩映下的两岸非常美丽。他们随船带了一架钢琴，还请了一个很有才华的年轻钢琴家。每到这时钢琴家就会演奏巴赫和贝多芬的曲子，这对邓肯来说是一种很美妙的体验。

几个星期后，他们抵达海法，然后深入努比亚。尼罗河在这一段的宽度非常狭窄，站在船上伸出手来几乎都可以触到对岸。在这里，船上的男人们都上岸前往喀土穆，邓肯和迪尔德丽则单独留在船上，度过了她这一生中最平静的两个星期。

对邓肯而言，埃及是一块梦中乐土，虽然它很贫瘠。这里的农夫们依赖扁豆汤和干面包为生，但是却有很硬朗的身体，无论他们蹲在田间还是在尼罗河岸汲水的样子，都可以成为雕刻家最满意的有着古铜色皮肤的模特。

回到法国后，罗恩格林在巴黎乡下租了一栋很豪华的别墅，他还买下一片土地，打算建一栋意大利式的城堡。

罗恩格林做很多事情都是凭着一时的冲动，这次也不例外。他的城堡后来半途而废了。

那时候，罗恩格林的情绪很不稳定，总是在星期一搭乘特快车前往巴黎，然后在星期三赶回来。邓肯仍然平静地待在别墅里，等着儿子的出生。

5月1日的早晨，邓肯的儿子出世了，他叫帕特里克。这次的生产经验和第一次截然不同，鲍森医生很专业，邓肯并没有感到太多的痛苦。

迪尔德丽很懂事地对邓肯说："妈妈，你不需要担心弟弟。我一定常常将他抱在怀里，仔细照顾他。"

几年以后，迪尔德丽死于意外，她说这些话时的神态常常出现在邓肯的脑海里。

从别墅到剧院

儿子满月时，他们回到巴黎，罗恩格林提议举行一个宴会款待好友，并且要邓肯拟一份节目表和宾客名单。

邓肯是这样计划的：所有的客人都在下午四点钟左右抵达会场，这是巴黎的一个公园，在这里搭一个帐幕，准备各式点心、鱼子酱、香槟酒、茶和蛋糕。旁边一个帐幕里，皮尔尼指挥哥尼乐团弹奏瓦格纳的作品。

音乐会结束后，紧接着是一个丰富的自助餐会，所有的客人可以尽情地享受口腹之欲。这个自助餐会要准备很多不同的山珍海味，一直延续到午夜。这时，舞池就差不多装饰好了，配合着音乐，每个人都可以翩然起舞，直到凌晨。

以上是邓肯安排的节目内容。她邀请了很多巴黎的知名人士，以及能够邀请到的所有的艺术家。

但是，当天，罗恩格林却没有出席。

宴会开始前一个小时，邓肯接到一封罗恩格林打来的电报，说他病得很严重，无法来参加宴会。邓肯只能独自负起招待客人的职务。虽然男主人不在，但宴会还是很成功的。

夏天，罗恩格林突然提出要和邓肯结婚，邓肯一向反对婚姻，所以她拒绝了。她说："一个艺术家陷入婚姻关系中，是一件很愚蠢的事。而且，我的一生还必须花在环游世界的演出上，难道你愿意将一生的时间花在包厢里，欣赏我的演出？"

"如果我们结婚了，你就不需要巡回演出。"罗恩格林回答。

"那么我们要干什么？"

"我们可以到伦敦的房子度假，或是住到我乡下的房子里。"

"住下又要怎么样？"

"我们可以乘游艇出海游玩。"

126

"除了这些，还能怎样？"

罗恩格林后来提议他们先试婚三个月。于是，他们在这个夏天前往英国西南部的德文郡，罗恩格林在那里有一栋大房子。这栋房子里有很多房间，全部都是依照邓肯的喜好而设计的。车库里停着十四部车。码头上还有一艘游艇。

可惜，罗恩格林那些出海游玩的设想并没有实现，因为这时候是英国的雨季。英国人并不在意是不是每天都看不到太阳，他们的早餐有蛋、熏肉、火腿、腰子和麦片粥。吃完后，他们便穿上雨衣，走进潮湿的乡间，直到午餐时间才回来。午餐的菜色很丰富，最后一道是德文郡的奶油点心。

午餐后到下午五点钟是他们写信的时间。五点时，他们下楼饮茶，茶点包括多样的蛋糕、面包、奶油、茶和果酱。然后他们假装津津有味地打桥牌，一直到一天中最重要的时刻来临——准备参加晚宴，他们大都盛装赴宴，女士们穿着露肩礼服，男士们穿着笔挺的衬衫，将晚餐的二十道菜一扫而光。晚餐结束后，他们便开始谈论一些故事或是哲学，直到夜已深沉。

这种生活方式根本不可能让邓肯快乐起来。几个星期之后，邓肯几乎要崩溃了。

罗恩格林注意到邓肯与日俱增的沮丧，便对她说："你为什么不再跳舞呢？可以在我们的舞厅里跳。"

这栋房子的舞厅很漂亮，里面挂着织挂毛毡和拿破仑加冕像。邓肯说："我要如何在那些华丽的背景前和打满油蜡的地板上表演我那种简单的舞蹈呢？"

"假如这些事令你困扰，"他说，"把你的布景和地毯运来吧。"

邓肯在几天后拿到了自己的布景和地毯，并发电报回巴黎，希望哥尼乐团能派一个钢琴师过来。

乐团派过来的钢琴师是一个邓肯十分讨厌的人，但是已经不能有所改变。

这段时间，罗恩格林受到神经衰弱的折磨，他雇了一个医生和一个受过训练的护士来照顾自己。他们常常限制邓肯的行动，将她安置在房子的另一端，与罗恩格林遥遥相隔，而且还不允许邓肯去打扰他。罗恩格林每天都被限制在房间里，只能吃一点饭、通心面和水，医生每隔一小时为他量一次血压。有时候，罗恩格林还被关在一个从巴黎运来的特殊箱子里，然后全身通上数千伏特的电压，他坐在里面可怜兮兮地望着邓肯说："希望这种治疗对我有益处。"

这种种事情和连绵不断的雨，使邓肯极端烦闷，或许这种烦闷的心情可以解释后来发生的一切。

为了要驱走这些烦恼和无聊，邓肯开始尝试和这位钢琴师一起工作，但是这个过程并没有让邓肯喜欢上他，相反更加讨厌他。当他为邓肯伴奏时，邓肯甚至用一层幕布将两人隔开。

当时有一位伯爵夫人和他们住在一起，她是罗恩格林的老朋友。她对邓肯对待钢琴师的态度十分不认同。一天午饭过后，她邀请邓肯和钢琴师一起搭车出去逛逛。邓肯万分不情愿地答应了。

那部汽车上没有活动的座椅，所以他们必须一同坐在一张长椅子上，伯爵夫人坐在邓肯的右边，钢琴师坐在左边。天气就像平常一样，下着倾盆大雨。当他们行驶在乡间的小径上时，邓肯忽然间无法忍受对钢琴师的厌恶，她要求司机马上掉头回家。乡间的路满是泥泞，当车子突然转向时，邓肯一不留神跌入钢琴师的怀中。他紧紧地搂住邓肯，邓肯坐直了身子瞪着他，突然间，她愣住了，这样一个长相英俊、眼睛中充满了天才的火焰的人，她以前怎么从来没有注意过呢？

这是一件很莫名其妙的事情，邓肯也不知道自己怎么前一分钟还对这个人非常厌恶，后一分钟居然跟他产生了类似爱情的情感。

从那天和钢琴师一同搭车出去游赏后，他们彼此便被对方所吸引，总是想要单独在一起，在温室，在花园，甚至在泥泞的乡间漫步。当然，这份感情不会长久，钢琴师总有一天要离开这里，而且一去不返。然而这段插曲更让邓肯明白了自己不适合过家居生活，因此，秋天的时候，邓肯离开德文郡，前往美国履行第三次的合约。然后，邓肯坚定地作出决定，从此要将自己的一生奉献给艺术，她觉得虽然从事艺术工作相当艰苦，但是所获得的快乐却比人际关系中所得到的要高出好几倍。

这次在美国的旅行中，邓肯不停地请求美国人帮助她建立舞蹈学校。一直以来的富足生活，让邓肯感到空虚和绝望。失去了精神上的追求，她无法获得快乐。

这年冬天，邓肯在大都会剧院里，对着一层层包厢里的观众热烈演说，结果报纸将这段演讲冠以"侮辱富人"的头衔，邓肯当时是这样说的：

有人说我曾经说了一些对美国不客气的话。或许我说过——然而这并不表示我不爱美国。反而是由于我太爱美国了。我以前认识一个男子，他狂热地爱上一个女子，但是这个女子对他不理不睬，根本不愿意和他说一句话。于是，这个男子每天写一封信去侮辱那个女孩，当她问他："你为什么写了这么多粗鲁的文字？"他回答："因为我爱你爱得疯狂了。"

心理学家可能会告诉你这个故事的意义，这种情形或许和我热爱美国的心情一样。我当然爱美国，难道我的学校和学生们不是在继承和发展惠特曼的精神吗？这种舞蹈，人们称为"希腊式"，也是源于美国，它是美国的未来之舞。这些动作到底从何处萌生而来呢？它们全部都是源自美国的大自然，从内华达山脉，从滨于太平洋的加州，从伟大的落基山脉，从尼加拉瓜大瀑布。

贝多芬和舒伯特是他们民族的骄傲，我跳他们的曲子是因为他们伟大的作品是被人性所激发出来的，也是完全归属于人性的。人类需要伟大的戏剧、音乐和舞蹈。

我们曾经在东部举行一次义演。有些人告诉我："如果你在东部弹奏舒伯特的交响曲，没有人会喜欢它。"

于是，我们举行了一场不收门票的表演，观众们痴痴地坐在那里，泪水沿着双颊滚下来，这便是他们内心最真实的表现。东部的百姓正等待有心人去传播生命、诗歌和艺术。为他们建一座伟大的剧场吧，一座真正的民主剧场，每一个人在里面都可以有公平的视野，没有包厢或露台。瞧瞧顶层那些廉价座区，依你们看来，将人们放到天花板旁，就像苍蝇一样，然后要求他们去欣赏艺术或音乐，这种做法正确吗？

建一座简单而漂亮的剧院吧，你们不需要刻意去修饰它，免掉一切多余的装饰。好的艺术会从人类的心灵里自然流露，不需要外在的粉饰。在我们的学校里没有漂亮的服装或装饰品，所有的美都是从心灵激生出来的，你的身体是一个象征，假如我的艺术已经启发你一些事，我期望你们特别领会到这一点。美可以在小孩子身上找到，从他们眼中的光辉，从他们可爱的动作、伸出来的小手中找到。当他们手牵手经过舞台，你会发现他们比坐在包厢里的任何女士身上所戴的珍珠还美丽。这些便是我的珍珠和钻石。除此我别无所求。给孩子们充分的美丽、自由和力量，将艺术献给渴望它的一般百姓，伟大的音乐不应只供给少数受过教化的人士欣赏，而应该广传给大众。音乐对他们而言就和空气、面包一样，是生活的必需品，因为它是人性精神上的醇酒。"

这次在美国的旅途中，邓肯还认识了天才的艺术家戴维·比斯法姆。每当邓肯演出时，他一定到场，而邓肯也去聆听了他的全部歌唱会。他们经常一起用晚餐，唱唱跳跳，非常快乐。

追求与决裂

一年后，邓肯返回巴黎。她很多年以后依然清楚地记得，当她走进家门时，一个小男孩冲向她，他可爱的脸上，绕着几缕金色的卷发。当年邓肯离开他时，他还只是一个睡在摇篮里的小婴儿。

1910 年，邓肯用美国巡演赚下的积蓄买了一栋房子，房子里有一间音乐室，很像一座小教堂。她带着两个孩子住在这里。邓肯经常和她的好友赫夫纳·斯基恩在音乐室里工作整天甚至整夜，赫夫纳是一个很有才华而且精力充沛的钢琴家。他们经常从早晨开始工作，因为邓肯在房间的窗子上挂满蓝色的大窗帘，所以阳光很少透进来。他们在灯光下兴致勃勃地工作，往往忽略了日夜的更替，这有点像印度人所说的"静态的入神境地"。

很久以前，邓肯曾和塞西尔·索雷尔、邓安哲即席演出过一出哑剧。在那次表演中，邓安哲显现出超凡的才华。

之后数年，邓肯虽然承认邓安哲的才华，却一直对他有些偏见。因为他和杜斯的关系不是很好，而邓肯和杜斯是好朋友，所以邓肯经常避免和邓安哲见面。

这一年，邓安哲在巴黎遇见邓肯时，决定要追求邓肯。他似乎有这样一种情结，想追遍世界上每一个有名的女人，然后将此作为炫耀的资本。邓肯毫无悬念地拒绝了。

那时候，邓安哲每天早晨都会送一首小诗给她，并且附上一朵能够表现诗意的小花。每天清晨八点钟，邓肯都会准时收到一束花和一首小诗，然而这并没有改变她的初衷。

有一天晚上，邓安哲来看望邓肯。当时邓肯和她的钢琴师朋友正在布置舞室，他们在舞室里摆满了白色的百合，那是所有丧礼上最常见的花。然后又点上了无数根蜡烛。邓安哲走进来时，便看见一间装饰着无数白花、摇曳着烛光的哥特式的教堂。他进来后，邓肯便领他躺到堆着许多垫子的躺椅上。然后，把许多花堆在他身上，并且在他身旁点满了蜡烛，再配着肖邦的《丧礼进行曲》温和地起舞。邓肯边舞边将蜡烛吹熄，最后只剩下他头上和脚边的两根蜡烛还亮着。他躺着的样子就好像受到了催眠。邓肯仍然配着幽远的音乐，将他脚边的蜡烛吹熄。当邓肯朝向他头上的那根蜡烛舞去时，他突然跳起来，发出一种恐怖的尖叫声冲出舞室。邓肯和她的钢琴师则爆笑起来。

两个月之后，邓肯邀请邓安哲到皇家旅馆吃晚餐。晚餐前，邓肯邀请他一起到森林散步。他们乘车到森林边上，然后下车走入森林。邓安哲一开始显得很兴奋。逗留一会儿之后，邓肯建议回皇家旅馆。可是他们没有找到走出森林的路，邓安哲很惊慌，像个小孩子一样号啕大哭。最后，终于找到出路回到了皇家旅馆。但是在邓肯面前出了这样大的丑，邓安哲消失了很久。

邓肯第三次拒绝邓安哲是在几年以后的"一战"期间。那时，邓肯到罗马去，住在一间旅馆里。无巧不成书，邓安哲刚好住在她的隔壁。他每天晚上总和一位侯爵夫人一起吃晚餐。有一天晚上，他邀请邓肯一起前往。邓肯到了侯爵夫人那宫殿似的房子，走进会客室等候。房子里面的布置都是希腊式的，邓肯静静地坐在那里等着，突然听到一阵很难听的声音在说些不堪入耳的话，那是一只绿色的鹦鹉。邓肯没有理会，继续等侯爵夫人。忽然，她又听到一阵汪汪的声音，原来房子里还有一只很大的狗，邓肯依旧没有理会。不一会儿，又听到一阵嘘声，邓肯朝上一看，看到一只关在笼子里的眼镜蛇正竖起身来对她吐信。邓肯吓了一跳转而到旁边的一间会客室等侯爵夫人，可是这里铺满了老虎皮，还有一只大猩猩在对她龇牙咧嘴。邓肯冲到隔壁的餐厅，找到侯爵夫人的秘书。最后，侯爵夫人终于下来吃晚餐。她穿着一身金色又透明的宽衣裤。这顿晚餐，邓肯几乎食不知味。

晚餐后，她们回到那间有猩猩的会客室。侯爵夫人找来她的算命妇人，她戴着一顶尖尖的高帽，披着一件巫婆式的斗篷走进来，用扑克牌准备替她们算命。

这时候，邓安哲也来了。他非常迷信，而且很相信算命者的话。这个妇人替他算出一些很奇怪的事，她说："你将会飞得高高的，做出许多惊人的事，但是却会跌到死亡之门。不过你会克服死神，通过它的考验，过着很光荣的日子。"

关于邓肯的命运，她说："你将唤醒世人去接受一种新的宗教，并且在世界各地建立伟大的庙堂。你会获得超凡的保护力，当你发生意外时，伟大的天使会来守护你，你会活得很久，你将永远活着。"

之后，邓肯和邓安哲回到旅馆。邓安哲还惦记着追求邓肯的事情，他开始每天晚上十二点来敲邓肯的房门。三个星期后，邓肯实在怒不可遏，冲到车站，搭乘第一班火车离开了那里。

现在让我们回到 1911 年，邓肯依然住在巴黎。她还像以前一样，常常举办一些文艺界人士参与的宴会。有一次，邓肯将舞室布置成热带花园，然后在茂密的树丛中，摆着许多桌子，每桌可坐两个人。这时候邓肯已经知道了很多巴黎文艺界人士的绯闻，当然，其中很多可能是真的。于是，她安排这些绯闻的主角坐一桌，这使得某些男士的妻子们很不开心。在这些客人中，有邓肯多年的好友，比如亨利·巴特尔以及他的翻译者柏斯·贝蒂。

虽然有一些不开心的因素，但所有人还是尽情的狂欢。凌晨两点钟时，邓肯和亨利·巴特尔坐在一张躺椅上，气氛有些暧昧。偏偏在这个时候，罗恩格林突然出现了。当他看到亨利·巴特尔和邓肯的影子从一层一层的镜子反射出来时，他冲到舞室，开始对宾客大发牢骚，并且说他将离开邓肯，再也不要回来。

结果当然影响了来宾的情绪。邓肯告诉斯基恩赶紧换一首曲子弹奏，她也迅速地褪下刺绣的舞衣，换上一件白色袍子。斯基恩特别卖力地弹奏，邓肯也一直舞到天亮。他们企图挽回一点宴会上尴尬的气氛。

但是，不管怎样，这件事最后的结局都是悲剧的。罗恩格林坚决不相信邓肯和巴特尔之间的友谊非常纯洁，他发誓永远也不要再见到邓肯。邓肯的再三解释都是徒劳无功。巴特尔对这件事，也觉得很苦恼，他写信给罗恩格林解释，但是也没有什么效果。

邓肯再去找罗恩格林的时候，是一个晚上，罗恩格林正要乘车出去。他在车上诅咒邓肯的声音，就好像是魔鬼的铃声滑入她的耳朵。突然间，他停止谩骂，打开车门，将邓肯推到黑夜里，然后绝尘而去。邓肯在黑暗中沿着街道踽踽而行，走了好几个钟头。路人不时对她侧目，而且交头接耳不知道在说些什么。那一刻，邓肯觉得，世界好像突然变成一个可怕的地狱。

两天以后，邓肯听说罗恩格林已经到埃及去了。

幻象

之后的一段日子，邓肯心情抑郁。带给她最大安慰的人，是音乐家斯基恩。他的个性相当奇特，很轻视功名或个人的野心。他非常崇拜邓肯的艺术，为邓肯伴奏好像是他唯一的乐趣。他是邓肯所遇到的人中最仰慕她的人。

1912 年 1 月，邓肯在斯基恩的陪同下前往俄国旅行，这次旅行一开始就遇到一件很奇怪的事情。他们在某天清晨抵达基辅，然后雇车前往旅馆。睡眼惺忪中，邓肯突然看到马路两旁整齐地排了两列棺材，而且那不是一般棺材，那是小孩子的棺材。她猛然抓住斯基恩的手臂，惊叫道："看啊！所有的儿童，所有的儿童都死了！"

斯基恩一边安抚她，一边觉得莫名其妙。因为他什么也没有看到。

"那里什么都没有啊。你因为疲劳而出现幻觉了吧。"

邓肯再看过去的时候，道路两旁除了积雪，什么都没有。

为了舒缓自己的精神，邓肯在到达旅馆之后就去沐浴。俄国浴池的形式，是在一间充满蒸气的屋子里摆上一长排的木架子。邓肯躺在其中一个木架上，侍者在外面等候。忽然间，邓肯觉得一股热气袭击了她，然后她便摔在了大理石的地板上。

侍者走进来时，发现邓肯已经不省人事，她连忙把邓肯送回旅馆。医生诊断后认为邓肯有轻微的脑震荡，而且她在发烧。医生建议邓肯今晚不要到剧院去演出，但是邓肯坚持要去。

当晚的舞蹈节目依然是配着肖邦的音乐，最后一个节目时，邓肯改变了之前的计划，让斯基恩改弹肖邦的《丧礼进行曲》。

舞台上，邓肯开始跳着这个曲子。她舞出一幕景象：一个妇人，手中抱着死去的孩子，缓缓地拖着迟疑的脚步走到坟墓前，最后，灵魂脱离了躯体，迈向光明的永生。

邓肯跳完后，幕布放了下来。剧院里有一种奇怪的静谧。斯基恩脸色灰白，全身不住地发抖。他握着邓肯的手，邓肯可以感到他手心冰凉。

他说："不要再要求我弹这首曲子，我已经经历到死亡的滋味了，我甚至嗅到丧礼花朵的气味，还看到小孩的棺材。"

他们两人都战栗不已，而且丧失了在俄国继续旅行的勇气。邓肯觉得一定有神灵启示她一个即将来临的噩耗。

4月，他们返回巴黎。在剧院表演完一长串节目后，斯基恩和邓肯再度合作了这首曲子。全体观众沉浸在一种庄严的气氛中，经过一阵沉默之后，他们突然疯狂地鼓掌。有些妇女流着眼泪，有些人几乎已经到了歇斯底里的境地。

这之后，邓肯开始有一种不祥的感觉，这种情绪使她变得很沮丧。她回到柏林后，又表演了几场。她想再编一支舞，表现一个人在现实社会奋力前进，却突然遭到一阵可怕的打击，再勇敢地爬起来，迈向一个新希望。

邓肯在俄国时，她的孩子和伊丽莎白住在一起，现在被送到柏林和她团聚。他们的精神很好，身体也很健康，同时，也喜欢借着舞蹈动作来表现快乐的情绪。邓肯和两个孩子一起回到巴黎，回到之前买下的房子里。

在这里，邓肯在舞室工作，在图书室里阅读，在花园里和孩子们嬉戏，或者教他们舞蹈，她过得很快乐。她不希望任何巡回演出将她和孩子们分开。

这两个孩子完全继承了邓肯的艺术细胞，每当斯基恩为邓肯伴奏，或者邓肯在跳舞时，他们总恳求邓肯让他们留在舞室里，然后，他们会安静地坐在一旁，带着一种专注的表情。

一天下午，雷欧·普格诺正在舞室里弹奏莫扎特的曲子。两个孩子蹑手蹑脚地溜进来，分别站在钢琴两边。当他弹完后，两个孩子不约而同地将他们金色的小脑袋挤向他的臂弯里，并且用很崇拜的眼神注视他。普格诺很高兴，他大声说："从什么地方跑来两个天使，莫扎特的天使。"

孩子们笑着，爬上他的膝盖，将小脸蛋藏在他的胡子中。

邓肯愉快地注视着眼前美丽的一幕，她无论如何也不可能想到，他们竟是如此的接近"一去不返的境地"。

这时候是 3 月。邓肯在两家剧院轮流演出，她不断被一股莫名的忧郁所环绕。

她发现自己经常在夜里突然惊醒，带着一种惊愕而害怕的感觉。有一天晚上，在蒙眬中，邓肯似乎看到卧室床对面的十字架上有一个移动的影像，穿着一身黑，朝着她的床走过来，并且用一种怜悯的眼光注视着她。邓肯觉得非常恐怖，当她将灯转亮时，那个影像消失了。这个可怕的幻觉时时产生，这使邓肯很不安。

邓肯对这种情形感到很苦恼，一天晚餐时，她将这些事告诉了好友波尔夫人。波尔夫人非常吃惊，本着惯有的古道热肠，坚持立刻打电话找她的医生来。

医生认为邓肯精神过度紧张，应该到乡间住几天。

因为巴黎还有演出，邓肯不敢走得太远，便决定到凡尔赛小住一些日子。

当他们收拾好行李，正要离开时，忽然一个穿着黑衣的纤细身影出现在门口，邓肯吓了一跳，那是和自己幻觉里相差无几的身影。

这个人走到邓肯面前，对她说："我离开家只是为了要来看你。我近来常常梦见你，觉得非来看你不可。"

邓肯认出了这个女人，她是那不勒斯以前的皇后。不久以前，邓肯曾经带着迪尔德丽去拜访她。当时邓肯还花了很多时间教迪尔德丽真正的宫廷礼仪,迪尔德丽一开始很开心,后来难免有些紧张。

邓肯知道，她的丈夫刚刚去世。她告诉她，她们正要前往凡尔赛以及个中的理由。她说她很乐意陪邓肯一起去。一路上，她的态度很温和，将两个孩子搂在胸前。当邓肯看到他们两个金色的小脑袋被黑色的丧服裹住时，那种忧郁的压力又来了。到达凡尔赛后，他们快乐地共同饮了茶点，然后邓肯送那不勒斯皇后回到她的住所。

第二天早晨，之前笼罩邓肯的所有畏惧和恶兆好像都一扫而空了。乡间的新鲜空气使得邓肯的心情舒畅了很多。

这天晚上，邓肯在巴黎的演出很愉快。观众喊了十二次"再来一次"，最后，邓肯用"短暂的音乐"来结束这场演出。舞着舞着，邓肯好像看到迪尔德丽和帕特里克快乐地分别坐在她的双肩上，他们有欢乐聪慧的小脸蛋，以及纯洁的笑容。

这场演出中还有一件让邓肯喜出望外的事情，那就是数个月以前离开邓肯到埃及的罗恩格林，突然出现在她的化妆室。他似乎被邓肯那一晚的舞蹈，以及他们的重逢所感动，因此提议共进晚餐。邓肯先到餐厅等着罗恩格林，可是最后他没有来。这种态度使邓肯陷入极端难过的情绪中。她一直等到凌晨三点，还不见罗恩格林的人影。最后，邓肯失望地离开餐厅，回到凡尔赛和孩子们相聚。

第二天一大早，邓肯被孩子们的声音吵醒，这是他们的习惯，每天早上总要到邓肯的床上嬉笑跳跃。然后，他们再一起吃早餐。

帕特里克愈来愈顽皮，他常爱将椅子一个接一个翻倒，然后又笑又叫。

　　那天早上发生了一件奇怪的事。几天前的夜里，有一个陌生人送来两本书。邓肯随手一伸从旁边的桌上拿了其中的一本。她正要告诉帕特里克不要过分喧闹，突然间，却被扉页上的几句话所吸引：

　　　　值得尊敬的孩子的母亲，当人们谈论到奥林匹亚时，你却在发笑。你将会受到惩罚，你的孩子将会面临死亡，你却无法保护他们。

　　这时，保姆也说："帕特里克，拜托你不要这么吵闹。你吵到妈妈了。"

　　邓肯转变初衷，说："随他去吧。如果少掉他们的声音，世界不知道会变成什么样子。"

　　邓肯的直觉认为，失去这两个孩子，生活将会变得空虚和黑暗。他们带来的快乐远甚于艺术给她的，同时超出任何男人所能给予的千百倍。邓肯继续看扉页上接下来的句子：

　　　　你独自存在时，也不会畏惧打击，你这个不幸的女子，挣扎也是徒然无益的。那是神对你的惩罚。
　　　　你一生的时间，都将陷于孤独和失望的阴影中，

你发出来的声音，不似来自自己躯体内的声音，你将
呆呆愣住，就像一尊石像一样。

当邓肯阖起书本时，她的心里泛起一阵恐惧。她将孩子
们叫过来，张开手臂牢牢地环住他们。

一个母亲的哭泣

那是一个温和而灰暗的早晨，1912 年的秋天。邓肯带
着孩子们在公园里跳舞。

快到中午的时候，罗恩格林打来电话，要邓肯带着孩子
们到城里和他会和。"我想看看他们。"他已经很久没有见过
孩子们了。

邓肯很高兴地幻想，当罗恩格林看到帕特里克时，一定
会忘掉对她的成见，说不定他们可以重修旧情。然而她没有
料到命运的残忍。这是他们最后一次走在从凡尔赛到巴黎的
路上。

事情的开端的确如邓肯所料，罗恩格林很高兴看到他的
儿子和迪尔德丽，他向来都很疼爱迪尔德丽。他们在一家意
大利餐厅享受了一顿快乐的午餐，吃了很多通心粉，喝意大
利的红葡萄酒，并且谈及美好的未来。

午餐结束后，罗恩格林提议和邓肯去一个沙龙。由于邓

肯必须去参加一场排演，所以由罗恩格林带着与他们同来的两个年轻朋友一起去，保姆则带着孩子们回凡尔赛。

邓肯在舞室门口和两个孩子告别的时候，迪尔德丽将她的嘴唇贴在车窗上，邓肯弯下身在相同的地方回吻她。冰凉的玻璃给她一种很不舒服的感觉。

之后，邓肯进入舞室。排演时间还没到，她想先休息一会儿，便走上楼到自己的化妆室，躺在沙发上。邓肯的房里摆满了别人送的花束和一箱棒棒糖。邓肯慵懒地拿了一支棒棒糖含在嘴里，想着自己拥有的一切，成功、幸运、爱情，以及两个可爱的孩子，她心里觉得很幸福。

就在邓肯沉浸在这种甜蜜中的时候，罗恩格林出现在化妆室门口，他步履蹒跚，像个喝醉酒的人，跌跌撞撞地来到邓肯面前，腿一软，跪在沙发前面，他的嘴里幽幽地吐出几个字："孩子们，孩子们啊，都死了！"

有一瞬间，邓肯出奇的平静，她似乎根本没有意识到到底发生了什么。她温柔地劝说罗恩格林，试着使他平静下来。她告诉他，他不过是在做梦，那都不是真的。然后，很多人围过来，其中还有一个黑胡子医生，他告诉邓肯两个孩子在回凡尔赛的途中遭遇了车祸，保姆也死了。邓肯依然不肯相信，她起身想要出去，她要去救自己的孩子。但是其他人把她拖了回来。周围的每个人都在哭泣，然而邓肯没有流一滴眼泪。相反地，她甚至有一股强烈的欲望想去安慰每一个人。

邓肯一直反对各种和教堂以及教会有关的教条。读过达尔文及非基督教徒的学说后，她的这种思想更加深刻。她拒绝婚姻制度，也拒绝让她的孩子接受洗礼。所以，现在邓肯也反对其他人依照基督教的虚伪仪式来操办孩子们的葬礼。

她希望把这个可怕的意外转变成一种美丽的行为。邓肯一直没有哭泣，这种悲哀的心情并不是眼泪可以表达的。她不想看到满眼的黑与白，她想给孩子们一个美丽的结束。邓肯认为，那些不吉利的戴黑帽的人，以及灵车和那些虚假的仪式，将死亡扭曲成一种恐怖的面貌，而不是一种灵魂升华的境地。奥古斯汀、伊丽莎白和雷蒙德明白她的心意，因此在舞室里堆了一大座花山。

邓肯决定给两个孩子实行火葬。这在当时还是一种很激进的行为，势必会招来一些正统教会人士的恶评和憎恨，他们会骂邓肯是一个没心肝、可恶的女人。但是，对邓肯来说，这又有什么关系呢？

邓肯和孩子们以及他们的保姆做最后的告别，她看着摆在面前的棺材里，那两个金色的小脑袋、柔软似面粉的小手、摇晃的小腿，所有她最喜爱的一切，现在都将化成灰烬。从此以后，只剩下一捧灰。

葬礼结束之后，邓肯没有一点生活下去的希望，她很想结束自己的生命。这时，她的舞蹈学校的那些孩子们，围在她的身边，对她说："请为我们而活，我们不也是你的孩子吗？"她们的话敲醒了邓肯，她还必须去安抚这些孩子们，她们也在为了迪尔德丽和帕特里克的死亡而伤心哭泣。

这种不幸恰恰发生在邓肯觉得自己的生命充满了力量的时候，她的精神和力量完全崩溃了。

邓肯和伊丽莎白、奥古斯汀一起动身前往科孚岛，当他们在米兰过夜时，她又被带到以前住过的房间。四年前，邓肯曾经在这里考虑是不是留下帕特里克的问题。

现在，画像上那个十八世纪的妇人幽幽地看着邓肯，仿佛在说："我不是早就跟你说过吗？一切都要归于死亡。"邓肯感到强烈的恐惧，她冲下楼去，要求奥古斯汀再换一家旅馆。

然后，他们从布林迪西搭船出发。不久，在一个风和日丽的早上抵达科孚岛。一切的景象都显得很愉快，但是邓肯却没有丝毫感觉。数星期以来，她始终痴痴地坐着，出神地注视前方。她丧失了时间概念，似乎已经进入一个灰色而可怕的死地，那里没有任何意志或思考。

此时，罗恩格林在伦敦，邓肯很希望他能在身边，帮助她摆脱这种可怕又类似死亡的昏睡，帮助她重新振作起来。

几天之后的一个早上，罗恩格林真的抵达了，他的神色苍白又激动。

他告诉邓肯，曾看到她的幻影，一直重复着："到我身边来，到我的身边来，我需要你，假如你不来，我将会死掉。"

邓肯因为两个人的默契生出一些希望。也许他们的感情还可以挽回，也许孩子们还可以重生来宽慰她。然而，这些都不是真的。邓肯这种激烈的渴望和悲伤，使得罗恩格林难以接受。没过多久，他突然不告而别。邓肯再度跌入绝望的深渊。然后，她对自己说，必须立刻结束生命或是找到其他的方法来驱除这种夜以继日不断啃噬心脏的哀伤。

雷蒙德和他的妻子潘妮从阿尔巴尼亚回到欧洲，他之前一直在那些难民群中工作。他劝邓肯加入他们的行列。

他的劝说极具吸引力，邓肯再度换上希腊的长衫和凉鞋随着雷蒙德前往阿尔巴尼亚。他采取最原始的方法搭造一个帐篷，以便帮助当地的难民，他到科孚的市场买了一批生羊毛，然后乘着租来的船将它载到萨兰达，那是针对难民的首要港口。

邓肯很奇怪雷蒙德要如何用这些生羊毛去喂那群饥饿的难民。

雷蒙德却说："你很快就会明白，如果我替他们带来面包，只可以供应他们一天所需；但是，我替他们带来羊毛，却是为了他们的将来打算。"

他们在萨兰达峻峭的海岸登陆。雷蒙德已经在那里组织一个中心，贴着一张布告说："愿意来织羊毛的人一天可以得到一个银币的报偿。"

一群饥饿而可怜的妇女很快就在门口排成一列。有了这些银币，他们可以买到黄玉米，这是希腊政府在这个港口出售的东西。

雷蒙德再度驾着他的小船到科孚，他在那里请了一些木

147

匠替他做几架织布机，然后再载回萨兰达，他的妻子开始教这些难民使用织布机。

后来，雷蒙德在海边组成了一队织布的妇女，他教她们一边织布一边唱歌。布上的图案是古希腊花瓶上的花纹，这些布织好后，成了很美丽的床罩。雷蒙德将这些床罩送到伦敦出售，可以得到百分之五十的利润。他又利用这些利润开了一家面包厂，出售的白面包比希腊政府所卖的黄玉米还要便宜百分之五十。他便是这样开始组成他的村落。

邓肯当时住在一座靠近海边的帐篷里，她和雷蒙德经常越过山岭，把一些剩余的面包和马铃薯带到其他的村落，分给那些饥饿的人们。

邓肯在这里见到许多悲惨的景象：一个母亲抱着一个婴儿坐在树下，旁边还围着三四个她的小孩，他们全都面露饥相而且无家可归，他们的房子被烧掉了，丈夫和父亲都被土耳其人所杀，家畜被偷，田园被毁。坐在那里的是可怜的母亲和仅存的孩子。类似这种情形，还有很多。邓肯开始反思自己因为孩子的离世而消沉下来的态度，她觉得还有很多人正在遭受饥饿和痛苦，难道自己就不能为这些人活下去吗？

当邓肯逐渐恢复健康和力量时，在饥民堆里的生活开始令她难以忍受。毕竟艺术家和圣人的生活完全不同。她的艺术生命又苏醒了。

一念之间

之后，邓肯邀请雷蒙德的妻子潘妮和她一起到君士坦丁堡去。潘妮很乐意陪她前往。在船上，她们认识了一个年轻人，他的脸色苍白而忧郁，两个黑色的眼睛炯炯有神，还有一头浓密的黑发。他告诉邓肯说："我正要回君士坦丁堡安慰我的母亲，她现在非常痛苦。一个月以前，她获悉我大哥自杀的消息，两个星期后，又发生了一件悲剧，我的二哥也自杀了。现在，我是她唯一活着的孩子。然而，我要如何去安慰她呢？我自己的情绪也很沮丧，我觉得唯一可以自救的方法便是追随我哥哥们的后尘。"

他们在一起谈了很久，邓肯知道这个忧郁的年轻人是一个演员，他正在研读《哈姆雷特》。

第二个晚上，他们又在甲板上相遇，就像两个忧愁的幽魂一样，他们都沉浸在自己的思考中，不过又似乎能从对方的身上获得一些慰藉。

当邓肯她们抵达君士坦丁堡后，她们住在皇家旅馆，头两天，她们在城里四处游览，愉快地穿梭在古老的街道上。

第三天，来了一个不速之客，是船上那个忧郁的年轻人的母亲。她很苦恼地来找邓肯，拿出她那两个死去的儿子的照片给邓肯看，说："他们已经走了，我再也不能要回他们。不过，我请求你帮助我解救我的最后一个儿子——雷欧。我觉得他快要步上他哥哥的后尘了。

"他离开城里，前往圣斯特凡诺的一个小村庄，独自住在一幢小屋里，看到他沮丧的神情，我只能做最坏的打算。他对你的印象很深刻，我想你也许可以使他了解他母亲的担心，帮助他重新振作起来。"

邓肯被这个母亲的哀求所感动，于是她答应到圣斯特凡诺的村庄，尽最大的力量将雷欧带回来。门房告诉邓肯到当地的路非常崎岖，根本不适合汽车行走。所以，她便到码头雇了一艘拖船，海上风浪很大，不过她们终于平安地抵达了那个小村庄。经由他母亲事先的说明，邓肯找到了雷欧的小屋，那是一幢立于花园里的独屋，很靠近以前的公墓。房子没有门铃，邓肯敲门，但是没有任何回音。她轻轻推了一下门，发现门没有上锁，于是她走入室内。屋里空无一物，邓肯又爬上楼梯，打开另一扇门。这是一个白色的房间，白墙、白地板和白门。雷欧躺在一张白色的睡椅上，还是和邓肯在船上看到的打扮一样，白色的衣服和纯白的手套。睡椅旁边有一张小桌子，上面摆着一个水晶花瓶，插了一朵白色的百合，旁边放着一把左轮手枪。

这个男孩还没有死，但是已经神智昏迷。邓肯试着将他摇醒，告诉他，他母亲的心已被他哥哥的死亡打碎，如果他再选择这样一条路的话，他母亲也只有跟他们一起去了。最后，邓肯试着拖起他的手臂，趁天黑前，将他拖到来时的那艘船上，并且邓肯谨慎地将手枪丢到了后头。

回途中，雷欧不停地哭泣，拒绝回到母亲的家，邓肯只能将他带回旅馆。回到旅馆后，邓肯试着找出他悲伤的原因，因为她觉得哥哥们的自杀不至于让他变成这个样子。

最后，雷欧喃喃自语："是的，你是正确的，我并不是为了我哥哥的死亡而悲伤，而是为了西尔维亚。"

经过一番交谈之后，邓肯知道西尔维亚是一个男孩子，她有一点惊讶，不过，她并没有十分震惊。邓肯一直相信人类最高层次的爱情纯粹是心灵的沟通，这与年龄、外貌，甚至性别都没有什么关系。

邓肯决定不惜任何代价解救雷欧的生命，因此，她没有再进一步追问，而是要来了西尔维亚的电话号码。

她打电话过去，让西尔维亚到旅馆来。那是一个 18 岁左右的年轻人，十分漂亮。

他们一起吃晚餐，稍后，在阳台上欣赏君士坦丁堡的夜景，邓肯很高兴看到雷欧和西尔维亚柔和而亲密地谈话，在那一刻，她相信雷欧的生命已经获得了解救。邓肯打电话给他的母亲，告诉她，自己成功了。那个可怜的女人快乐得不知如何表达她对邓肯的感激。

然而，几天之后，那个几乎崩溃的母亲又跑来找邓肯。

她说，雷欧又回到圣斯特凡诺的小屋了。她请求邓肯再解救他一次。

邓肯无法抗拒这个可怜的母亲的恳求。但是海上的风浪实在让邓肯有些害怕，她决定冒险搭车走山路。出发前，邓肯打电话给西尔维亚，请他务必一同前往。

"这一次到底是什么原因使他变得有点精神分裂呢？"邓肯问西尔维亚。

"嗯，可能如此，"西尔维亚说，"我也很爱雷欧，但是我不敢确定是否有他爱我那么深，因此，他说他宁愿去死。"

他们在黄昏时出发，经过许多颠沛才抵达雷欧的小屋。很快便将有点痴呆的雷欧带回旅馆，邓肯和潘妮一直讨论到深夜，商量如何治疗雷欧这种奇怪的病症。

第二天，两人在君士坦丁堡的一些旧街闲逛，在一条阴暗而狭窄的巷子里，潘妮指着一张用亚美尼亚文写的海报，上面说这里住着一个算命师。

潘妮提议去询问算命师。

她们进入一间旧屋子，爬上一个弯弯曲曲的楼梯，穿过一些破旧的废物，在最里面的房间发现一个老妇人。妇人正蹲在一口大锅旁煮着什么东西，锅里升起一阵阵的异味。她是一个亚美尼亚人，但是懂得一点希腊话，因此潘妮听得懂她的话。她告诉她们她是土耳其人最后一次屠杀的幸存者。她在这间房里看到她所有的儿女、孙子，以及家族里最小的婴儿惨遭杀害，从那时候开始，她便具有洞析未来的能力。

邓肯请老妇人看一下她的未来。老妇人注视着锅里冒上来的烟，然后，吐出几个字来，潘妮翻译道："你是太阳神的女儿，被送到地球上来散播快乐的种子。从这些欢乐中创立一种宗教。经过许多的摸索，在你生命的尽头，你将在世界各地建立起庙堂。那时候，你将再回到这个城市，你也会在此建立一座庙堂。所有的庙堂将奉献给'美丽'和'欢乐'，因为你是太阳神的女儿。"

那时候，邓肯正处于悲伤和失望的情绪中，这种诗一般的预言使她觉得很好奇。

对于潘妮的未来，老妇人说："你有一只小羊，但是你对他并不满意，你希望再有一只小羊，不过，这个愿望不会实现。你会很快收到一封电报，通知你，你所爱的人中有一个生病了，另一个则接近死亡的边缘。经过这些事后，你的生命也不会持续很久，在你离开世界前，你必须到一处高地，俯望全世界，为生命做最后一次的沉思。"前面一只小羊指的是她和雷蒙德的儿子麦纳卡斯，后面一只小羊是指潘妮一直想要的女儿。

听到这些，潘妮开始心神不宁。她给了这个老妇人一点钱，向她告别，然后拖着邓肯的手，跑下楼，到一条狭窄的街上，叫了一部马车，回到旅馆。

当她们进入旅馆时，门房拿了一封电报走上前来，潘妮抓着邓肯的手臂，几乎昏过去。邓肯将她扶到房间，打开电报，上面写着："麦纳卡斯病重，雷蒙德病重。速归。"

两人迅速将行李整理好,乘黄昏时的一班船返回萨兰达。虽然她们走得很匆忙,但邓肯还记得给雷欧的母亲写封信:"假如你希望将你的儿子从危险中拯救出来,必须让他立刻离开君士坦丁堡。不要问我原因,如果可能的话,请带他到我搭的船来,这艘船预定下午五时起航。"

　　邓肯没有得到任何回音,当船要离开码头时,雷欧提了一个箱子,看起来好像死人一样,从码头跳上船来。邓肯问他有没有买船票或者订舱房,他说他没有想到这些事情。幸好,这艘船的船长很和善,他允诺可以让雷欧睡在邓肯的客厅里。

　　抵达萨兰达后,她们发现雷蒙德和麦纳卡斯正遭到热病的侵袭。邓肯尽力劝说雷蒙德离开阿尔巴尼亚,和她一起回欧洲,但是雷蒙德拒绝离开他的村落和难民,潘妮当然也不肯离开他。这样,邓肯不得不让他们继续留在那个小帐篷里,遭受狂风暴雨的肆虐。

　　船朝着意大利北部的里雅斯特港前进,邓肯和雷欧都很不快乐。登陆后,他们搭车继续朝北前进,越过山界进入瑞士。

　　他们在日内瓦湖畔停留了一些日子,常常划着船在湖心摇荡,他们彼此都沉浸在自己的哀伤里,无法自拔。最后,雷欧答应邓肯,为了他母亲,他绝对不会再萌生自杀的念头。

　　就这样,某天早上,邓肯送雷欧上火车,返回他的剧院,继续他的演艺生涯。从此邓肯再也没有见过他。后来,邓肯听说他因为饰演哈姆雷特而声名大噪。无论如何,他还很年轻，总有一天他会找到属于自己的幸福。

邓肯独自一人留在瑞士，她的心情始终笼罩着一片阴霾，她变得有点魂不守舍。邓肯乘车踏遍瑞士全境，最后，无法抗拒一种驱使，又回到巴黎。她觉得自己很孤单，任何人，即便是她的哥哥奥古斯汀，也没有办法打破她的悒郁。最后，邓肯濒临崩溃的边缘，只要听到人声就觉得很厌恶，有人进她的房间，她也视若无睹。后来，有一天晚上，邓肯回到她之前在巴黎的房子。这里人去楼空，只有一个老园丁还住在门房里。

邓肯踏进宽敞的舞室，当看到那蓝色的帐幕，不禁又勾起她追求艺术的欲望，她决心努力寻回那份失落的梦想。所以，她叫斯基恩来帮忙伴奏，但是听到那些熟悉的乐声，邓肯忍不住恸哭失声。事实上，这是两个孩子出事之后，邓肯第一次忘情的哭泣。

这个地方的每个角落只能令邓肯回忆起过去的快乐时光。她甚至出现一种幻觉，不时听到孩子们在花园里嬉笑的声音。有一天，邓肯无意间进入他们住过的小房间，看到屋里散布着他们的衣服和玩具。她的精神瞬间崩溃了。她无法再在这栋房子里生活下去。

有一天，邓肯终于无法忍受这里的气氛，她跳上汽车迅速往南驶去，越过阿尔卑斯山，进入意大利，继续她漫无止境的游荡。有时候，她发觉自己坐在威尼斯运河上的小船里，要求船夫终夜不停地摇桨前进；有时候又发觉自己置身在意大利东北部海港里米尼的古城中。

友情的抚慰

有一天，邓肯接到一封电报，上面写着："伊莎多拉，我知道你正在意大利，盼望你来看我，我将尽力安慰你。"底下的署名是艾伦娜·杜斯。

邓肯很奇怪杜斯是如何知道她的行踪的，但是，当她看到杜斯的名字时，她知道这是她唯一想见的人。电报是从维亚雷焦发出的，离当时邓肯所在的地方并不远。邓肯马上回了感激的电报，告诉杜斯她将去看她。

当天晚上，邓肯就到了维亚雷焦，正赶上一场大风暴。杜斯住在城外的一间小别墅里，邓肯当晚先在旅馆休息，准备第二天去看杜斯。

第二天一早，邓肯驱车前往杜斯的别墅，她的别墅前面是一片茂盛的葡萄园，她穿过一个翠绿的葡萄架来迎接邓肯。在邓肯眼中，杜斯的样子就像一个充满光辉的天使。她挽着邓肯，明亮的双眸透着温柔，仔细地端详邓肯。

从这时候开始，邓肯便住在维亚雷焦，她从杜斯充满光辉的眼神中获得了不少勇气。杜斯常常用手臂轻拍邓肯，安抚她的痛苦，这对邓肯来说不仅是安慰，仿佛她的痛苦也被杜斯化解了。

　　杜斯时常问些迪尔德丽和帕特里克的事,她不像其他人,在邓肯面前根本不敢提两个孩子。她让邓肯重复提起关于他们的种种琐事,还要邓肯拿照片给她看。她一边吻着照片中的人,一边忘情低泣。她从来没有劝说邓肯停止悲伤,反而是和邓肯一起悲伤,一起流泪。渐渐地,邓肯不再有孤单的感觉。

　　有一次,杜斯和邓肯出去散步,她抬头仰望远处的那些山峰,对邓肯说:"你看山脉那些嶙峋的一面,在草木的掩盖下,显得多么幽静森严。然而,你再往上看,会发现它发出的光芒就好像大理石一样,等待着雕刻家来为它塑造不朽的生命。所以,草木掩盖的部分只是满足一般人的世俗需要,而山顶的风光则可满足一个人的梦想。这也正如艺术家的生命,在普通人看来是黑暗、阴森,充满悲剧性的。不过,那种类似大理石的光辉却能激发人类的灵感。"

　　7月,这里经常有一连串的风暴和闪电,掠过阴沉的海面。邓肯深受旅馆中某些陌生人异样眼光的困扰,所以,她另外租了一栋别墅。这个地方很宽敞,别墅是用红砖盖成的,位于一个荒凉的松林深处,外头还筑了一圈很高的围墙。它的外表看起来很凄清,里面也充满了难以描述的伤感。村庄里的人传说,这里原先住了一位妇人,她曾经和奥地利宫廷里的某位侯爵有一段失败的恋情,更不幸的是,他们所生的儿子后来发疯了。当这个孩子变得具有危险性时,就被关在这栋别墅顶层的一个小房间里,那个房间的四周都被栅栏围起来，墙上涂着奇怪的图画，门上有一个小孔，可以用来递送食物，在屋顶上有一个很大的天台，一边可以看见海，另一边则可以看见山。

这座阴沉的房子至少有六十个房间，邓肯很喜欢它，便租下了。它最吸引邓肯的地方可能是四周的松树林，以及从天台上所能观望到的景色。邓肯邀请杜斯搬来与她同住，杜斯婉转地拒绝了，但是她搬到了邓肯附近的一栋小白屋里。

杜斯有一个很奇怪的癖好：如果你住在国外，离她很远，她很可能三年内只偶尔拍一封长的电报给你；但是，假如你住在附近，她几乎每天都会写一封迷人的信给你，有时候，甚至一天之内写两三封。

杜斯是当时一个很神奇的人物，全身充满了力量和智慧。当她沿着海边漫步时，她的神情和步履都是在其他女人身上找不到的。她不穿紧身衣，她的身材很丰满，并不符合一般人的审美标准，但是，却能自然地流露出一股高贵的气质。她的身上处处体现出伟大而悲哀的心灵。她经常读希腊的悲剧或是莎士比亚的戏剧给邓肯听。杜斯在自己的艺术事业登峰造极时突然隐退，并非是一般人所猜测的基于失恋或者其他比较敏感的理由，也不是由于她的健康情形不佳，事实上是因为她得不到任何援助来完成她的艺术理想。这是一个很单纯，却足以令世人蒙羞的理由。这个所谓"热爱艺术"的世界，却让这个最伟大的女演员孤独而凄凉地过了十五年。

最后当有人发现她的才华，并且安排她到美国巡演时，一切都为时已晚，因为她死在了旅途中。

邓肯租了一架很大的钢琴放在别墅里，然后，发了一封电报给斯基恩，他很快便到了别墅。杜斯非常喜爱音乐，每天晚上，斯基恩都会为她弹奏贝多芬、肖邦、舒曼和舒伯特的作品。有时候她会用她低沉而独特的嗓音唱出她喜爱的曲子，在曲子结尾时，她的声音和外表都透出一股强烈的忧郁，使人看了会忍不住流出眼泪来。

有一天黄昏，邓肯突然有了跳舞的兴致，斯基恩为她弹奏了一首贝多芬的曲子。这是两个孩子出事之后，邓肯第一次跳舞。杜斯非常高兴，她终于看到邓肯重新恢复她的艺术生活，这是唯一能使邓肯脱离苦海的方法。

在这之前，有一份南美巡演的合约找上了邓肯，她正在犹豫是否接受。杜斯知道这件事后，鼓励邓肯接下这份合约，以后的日子还很漫长，邓肯如果不能再跳舞，她剩下的时间会是怎样的百无聊赖呢？

邓肯这时候虽然不再像最初那样悲伤，甚至能够重新跳舞，但是她还是没有勇气回到大众面前。她只有和杜斯在一起时，才会觉得稍微平静，然而晚上时，邓肯独自在这栋空旷而阴森的房子里，却无论如何都不能成眠，只好眼睁睁地等待黎明。黎明到来时，邓肯都会到海边游泳，一直游到深海，她想过就这样一直游到没有人的地方，从此不再回头，但是，求生的本能每次都把她拖了回来。

一个灰暗的初秋的午后，邓肯沿着沙滩踽踽而行，突然间，她似乎看到前方出现了迪尔德丽和帕特里克手牵着手的身影。邓肯叫着他们，但是他们却一边跑一边笑，把她丢在后头。邓肯在后面一直叫着他们，追着他们，然而他们却突然消失在水气中。邓肯觉得自己怕是要发疯了，她躺在沙滩上，默默流泪。

不知过了多久，邓肯觉得有一只温暖的手在抚摸她的头，她睁开眼睛，看到眼前站着一位年轻人，他很英俊美丽，像是教堂里的雕像，他站在那里，似乎是刚从海里游泳上来。

"你为什么一直哭泣？我能帮你吗？"

邓肯抬头望着他："是的。请解救我，解救我的心灵和理智。给我一个孩子吧。"

那天晚上，他们并肩站在邓肯屋顶的天台上。夕阳刚刚沉入海面，月亮悄悄升起，辉映出山上的白色石块，邓肯觉得自己已经从悲伤和死亡中被解救出来，回到光明的世界，而解救她的是爱情。

第二天清晨，邓肯将这些事告诉杜斯，杜斯并没有很惊讶，本来很讨厌会见陌生人的杜斯，竟欣然答应要和这个年轻人见面。她们前往他的工作室拜访他，他是一个雕刻家。

邓肯像以往的任何一次恋爱一样，她认为这个年轻的雕刻家是个天才。他来自一个保守的意大利家庭，他曾和一个也是出身于保守家庭的意大利女子订婚。他们认识后，他并没有告诉邓肯这件事，直到有一天，他写了一封信向邓肯解释并且跟她告别。他们在一起的时间如此短暂，但是邓肯一点也没有怪他，因为邓肯觉得他已经解救了她的理智，她不再为孩子们的死耿耿于怀，她知道孩子们的灵魂就在身旁，将会长久地陪伴着她。

暮秋时节，杜斯搬回了她在佛罗伦萨的房子，邓肯也离开了这栋阴森的别墅。邓肯取道佛罗伦萨，到达罗马，她计划在那里过冬。

圣诞节那天，邓肯的情形实在很凄凉，不过她安慰自己，起码没有在坟墓或是疯人院里度过这个节日，还有最忠实的朋友斯基恩陪着她。

罗马是一个能令人恢复生气的城市。这里布满了倾圮的坟墓，和激励人的纪念碑，印证了世世代代的荣辱兴衰，对邓肯而言，这些好像是一帖止痛剂。她很喜欢清晨出去散步，在两旁成排坟墓的走道中，有酒车缓缓驶过，沉沉欲睡的车夫好像是疲倦的牧羊神一样，攀在酒桶上。那时候，邓肯会觉得时间已经不存在。她好像是一个已经死去千年的幽灵，在这条路上徘徊，四周是罗马城的旷野，上面是拉斐尔的伟大的拱门。有时候，邓肯高举着手臂伸向天空，或者沿路跳舞———一个悲伤的身影，置身在成排的坟墓中。

晚上，斯基恩经常陪邓肯出去漫步或者驻足在源源不绝的泉水旁，这些泉水都是从山上流下来的。她很喜欢坐在旁边，聆听潺潺水声。邓肯经常坐在这里无声地哭泣，她温和的同伴则怜悯地握住她的手。

经过了许多悲哀的游荡后，有一天，邓肯接到了罗恩格林的一封电报，他恳求邓肯以艺术的名义回到巴黎。离开罗马的时候，邓肯发现自己怀孕了。

罗恩格林在旅馆替邓肯订了一间很大的套房，里面摆满了花。邓肯告诉他她在维亚雷焦的生活，以及她那些关于孩子们的幻觉。

罗恩格林则告诉邓肯，他已经在贝勒维买下了一间大旅馆，从阳台上可以看见整个巴黎市，而且它的花园直通河畔，房间可以容纳一千个小孩。只要邓肯愿意，这就是她的舞蹈学校。

也只有舞蹈和那些孩子们能够帮助邓肯逃出悲哀的死结，她的理想是唯一可以支撑她活下去的力量。因此，邓肯答应罗恩格林，好好将舞蹈学校办下去。

第二天早上，他们前往贝勒维。从那时起，装潢师、家具工都在邓肯的指挥下忙碌地工作，这间平庸的旅馆很快变成一个未来之舞的宫殿。

邓肯选了五十名新学生，再加上第一批的旧生和管理人员，都住在这里。

舞蹈房是由旅馆的餐厅改装而成的，挂着蓝色的幕布。在一间大厅的中央，邓肯摆置了一个舞台，旁边还有一个供上下用的梯子，这个舞台有助于雕刻家或作家在此工作。邓肯一直认为，普通的学校生活之所以显得很单调和郁闷，主要是由于地板是平的、没有起伏。所以，她将许多房间的通道加高或降低。餐厅被布置成类似英国下议院的样子，座位有层次的高低，年龄大的学生和老师坐在上面，年龄小的孩子则坐在下面。

在这种活泼而热闹的氛围中，邓肯再度鼓起勇气来教学，学生们也进步得格外神速。开学三个月后，前来观看她们表演的艺术家就忍不住发出赞叹。每个星期六的上午十一点到下午一点都会有艺术家来做讲座，而后，罗恩格林会为那些艺术家和孩子们举行一个盛大的午餐会。如果天气晴朗，餐会便在花园举行，午餐后，还会举行音乐会、诗歌朗诵会和舞蹈表演。

住在贝勒维的日子里，每天清晨都散布着一连串的喜悦。邓肯可以听到孩子们清脆的脚步在走廊跑来跑去，孩子们美丽的嗓音在一起唱着歌。当邓肯走下楼，到舞室去看她们时，她们会齐声喊着："早安，伊莎多拉。"在这种气氛下谁还会愁眉不展呢？虽然这群孩子中少了两个熟悉的面孔，邓肯时常会忍不住伤感，但是她每天还是打起精神来教她们，她们优雅的舞蹈也鼓舞了邓肯。

邓肯每天总要花一段时间教授学生，当她累得站不住时，便靠在躺椅上，挥舞着手臂或手掌来指导她们。只要邓肯一伸出手，孩子们似乎就知道怎么跳。好像并不是邓肯教她们怎么跳，而是在她们的心灵里打通一条路，不断将舞蹈的情绪灌输给她们。

6 月初，她们在剧院举行了一次特别的演出。邓肯坐在包厢里看学生们跳舞。在节目的每一段落，观众们都兴奋而热烈地鼓掌和欢呼。节目结束后，他们不停地鼓掌，久久不肯离场。邓肯相信带着这些孩子跳贝多芬第九交响曲的日子并不遥远。

巨星陨落

战争之殇

1914年7月，整个世界弥漫着一股凝重的气氛，孩子们似乎也感觉到了。当她们在阳台上俯望巴黎时，她们总是出奇的沉默和忧郁。这些变化影响到了邓肯的情绪，她觉得腹中的胎儿似乎也比较衰弱，不那么健壮。

7月中旬，罗恩格林提议将这些学生送到他在英国德文郡的宅邸度假。孩子们陆陆续续地跟邓肯告别，偌大的房屋顿时变得很冷清。邓肯觉得很疲倦，她经常在阳台上一连静坐数小时，俯视巴黎，心里觉得似乎有一场巨大的灾难会从东面袭过来。

7月底，战争爆发了。就在邓肯准备恢复她的艺术，讴歌人类的欢乐和解放时，其他的势力却正在推进战争、死亡和灾难。邓肯感到了自己的渺小，她一己之力，如何来抗拒这股激怒的洪流呢？

8月1日，邓肯感到了快要生产的初痛。窗外，不断有人高喊动员的新闻。那天天气很炎热，邓肯的呻吟、痛苦和无奈，夹杂在外头呼喊和动员的鼓声里。

这次生产很不顺利。一个陌生的医生代替鲍森医生来替邓肯接生，因为鲍森医生已经离开巴黎前往投军。

最后，经过一番曲折艰难，孩子终于出生了，是个男孩。邓肯很快乐，她觉得自己在过去一年所遭到的创痛，在这一刻全都得到了补偿。

窗外的动员声还在继续，邓肯一直不能相信真的爆发了战争。换句话说，战争和这样一个刚刚生产完的母亲又有什么关系呢？她抱着自己的孩子，满足地咀嚼这份喜悦，那些灾难还很遥远。

晚上，很多朋友来看望邓肯，为这个婴儿庆生。朋友们走了之后，邓肯悄悄地对孩子说："你是哪一个，迪尔德丽或帕特里克？你又回到我的身边了。"突然间，婴儿瞪着邓肯，接着开始喘息，好像呛到了什么东西，冰冷的嘴唇还缓缓地吐了一口长气。邓肯急忙叫护士进来。护士进来看了一下，很慌张地将婴儿抱走。接着邻室里不时传来要氧气和热水的声音。

经过大约一小时焦虑的等待后，奥古斯汀走进来对邓肯说："可怜的伊莎多拉，你的宝宝，已经死了。"

我们可以想象得到，邓肯在那一刹那领略到的悲哀，她以为孩子终于回来了，她可以继续看着他长大，抚育他，教导他，可原来一切不过是命运开的一个玩笑。

撕裂一样的痛楚让邓肯极度虚弱，她一直躺在床上，无法起身。有一个朋友来看她，对她说："你个人的哀伤算得了什么？战争已经使无数人牺牲生命，有数以千计的伤者和死者被从前线运回来。"

在战争时期，每个人都热血沸腾，不顾一切地参加进去，然而这股经由战争引起的亢奋，却只能导致几千里的断垣残壁和连绵的墓地。谁又能判断这到底是正确或是错误呢？以我们目前的眼光来看，那些战争根本徒劳无益，不能给发动战争的人带来任何他想要的东西，相反只会让他不断地失去。然而，深陷其中的人又如何能判断出这些呢？

战争让人疯狂，艺术家们开始宣扬艺术无用论，邓肯在这种大环境的感染下，也放弃了继续创造艺术的想法。她将舞蹈学校捐献出来，改造成了一间医院。

她那美丽的舞室里，再没有蓝色的幕布，那里摆着无数排的病床等待伤兵来临。她那摆着成列成排书架的图书馆，被改成一间手术室，等着病人来临。邓肯那时候还很虚弱，这些景象更使她为之怅然不已。

过了不久，邓肯首次听到担架抬来第一批伤员的声音。

从这一天开始，艺术消失了，邓肯听到自己的第一阵哭声，墙的那一面是伤者母亲的哭声，窗外有婴儿被战鼓惊醒的哭声。她的艺术殿堂变成了伤者的挣扎地，也成了他们流血而死的藏骸所。邓肯曾经盼望的一连串类似天堂的和谐音乐，现在全变成了痛苦的呻吟。

未忘记

当邓肯能够下床活动后，便离开贝勒维前往海边。她经过了战争的警戒区，每次邓肯通报自己的名字时，总能获得特别的优待。这让邓肯觉得得到了一生中最大的荣誉。

她住在诺曼底旅馆里，邓肯既疲倦又虚弱。几个星期之后，她觉得自己病得很严重，便请人到医院请医生。

出乎意料，医生竟然不肯来，只是让人带回一份托词。没有一个人可以来照顾邓肯，她继续躺在诺曼底旅馆，身体越病越厉害，以致无法思考未来的任何计划。

那时候，这间旅馆成为许多巴黎著名人士的避难所，邓肯的隔壁住着一位伯爵夫人，她有一个诗人朋友，经常在晚餐后用假声朗诵他的诗。在战争的一片屠杀声中，能够尽情地听着他们朗诵，这对邓肯来说，实在是一件很愉快的事。

萨沙·古特里也是旅馆里的客人，每天晚上，他都会在大厅里讲述各种轶事和趣闻。

只是当前线来的信差带来关于战争的消息时，旅馆的气氛往往会陷入一种莫名的沉重。

邓肯觉得生活越来越无趣，她病得太重无法旅行，也不能长时间住在诺曼底旅馆里，因此，她在附近租了一栋有家具的别墅。这栋别墅里面所有的东西都是黑白两色。邓肯最初租下它时，只觉得它很别致，可是搬进去之后，才发现里面的气氛很沉闷。

9月，罗恩格林写信来告诉邓肯，已经将她的学校迁往纽约，希望能在那里寻觅一个避风港。

有一天，邓肯觉得比平常更难受，便到医院寻找那位拒绝来看她的医生。那是一个矮小、蓄着黑色胡子的男人，邓肯质问他之前为什么不肯到旅馆来为她看病，医生喃喃不能自圆其说。不过，他答应隔天到别墅看望邓肯。

第二天早晨，秋天的风雨开始肆虐。海浪卷得很高，大雨倾盆而下，医生到别墅来看望邓肯。

经过诊断之后，医生又问了邓肯一些问题，邓肯告诉他在贝勒维她所遭受到的痛苦。医生很同情她，他告诉邓肯，她这是心病，只有爱情的滋润能够缓解她的病痛。

在这样孤独而悲戚的时刻，邓肯自然而然地将爱情寄托在这个医生身上。

之后的每一天，医生结束了医院的工作后，便到邓肯的别墅来。他会告诉邓肯在那一天里发生的许多可怕的经验，伤者的痛苦、绝望的手术，所有关于战争的恐怖事件。

有时候，当他值夜班时，邓肯便前往医院陪他，偌大的医院似乎跌入沉沉的睡眠，只有中央的一盏灯终夜点着。时常有伤员辗转难眠，痛苦呻吟，他便走上前去，安慰他们几句话，或是给他们一点水喝，有时候还施一点催眠术。

经过这些日夜的相处，这个医生已经获得了邓肯的爱情，她的身体也渐渐痊愈了，她已经可以在海边散步了。

有一天晚上，邓肯问医生为什么拒绝她的初次求诊，他没有回答，眼睛里却染上了几许痛苦和悲伤的神色，这使得邓肯不敢再问。但是，她的好奇心却越来越强。她觉得，其中一定另有蹊跷。她的过去一定和他拒绝回答有关联。

11月1日，纪念殉难者的日子。邓肯站在别墅的窗口注视着花园，她觉得花园里的白石堆和黑石堆突然变成两个坟墓。那些朦胧的幻觉使她忍不住打颤。从前繁华一时，充斥着爵士鼓声和笑声的地方现在成了一个痛苦的大本营，火车载着伤者和死者一车一车地运到这里。邓肯越来越忧郁，医生也时常陷入那些阴暗的幻影。他沮丧的样子就像一个被恐怖的回忆缠住的人。

有一次，邓肯在夜里醒来，发觉他弯着身子正在注视她的睡容，眼里的神情低沉得可怕，邓肯再无法忍受这种不知情的压力。她要求医生告诉她到底是怎么回事，医生移开几步，垂头注视着邓肯："难道你不认识我了？"邓肯也看着他，一个身材矮小、面庞四方的男人，蓄着黑胡子。

突然，邓肯尖厉地叫了出来。是的，她记起他了，那个可怕的日子，这个医生跑来告诉邓肯，她的孩子死在了一场车祸中。

医生说："当时，你的小女孩躺在那里，我费了好大的劲要救她，可是我没有成功。"

他的话勾起邓肯痛苦的回忆，那些她以为已经埋藏在心底的回忆。这一夜邓肯无助地痛哭，而医生的哀伤似乎也和她一样深。

没有救活邓肯的女儿这件事，对医生的心理造成了很大的影响。以至于他在面对邓肯的时候，时常产生幻觉，他时常用哀伤的目光凝视着邓肯。邓肯明白他的幻觉最终会导致他们两人都陷入疯狂的境地。

之后的一天，邓肯沿着海滩散步，越走越远，她突然萌生一个可怕的想法，最好永远不要再回到别墅，以及在那里缠绕她的梦魇般的爱情。她不自觉地往前走，天色渐渐暗了，邓肯发觉她必须要回头了，潮水很快涨了上来，邓肯不时走在浪端上，那种冰冷的感觉，使她很想笔直地跃进海中，结束这种无法从艺术或新生儿或爱情中得到解脱的哀伤。但是，每一次她以为自己已经逃离这些束缚时，看到的却只是毁灭、烦忧和死亡。

邓肯往回走，半途中，医生跑来找她，他非常焦虑，因为他发现了邓肯丢在海边的帽子，以为她会跳海寻求解脱。当他看到邓肯活生生地从前面走来，他像个孩子般哭了出来。他们相偕返回别墅，但彼此十分清楚，他们的分离不可避免，因为这样的爱情只会将他们带到死亡或者疯人院里。

这期间，发生的另一件事情使邓肯的哀恸大为增加。她

172

寄信到贝勒维去，请人寄一些御寒的衣服过来。包裹到达别墅时，邓肯打开箱子，赫然发现里面全都是迪尔德丽和帕特里克的衣物。她听到自己发出一阵尖叫，那声音类似某些受了伤的野兽临死前的嗥叫。

当医生进来时，发现邓肯毫无知觉地躺在地上，旁边摆着一个打开的箱子，手里抓着那些小衣服。他将邓肯抱到隔壁房间，并且将那个箱子拿走，从此以后邓肯再也没有见过那个箱子。

战鼓中的舞者

1914年底，奥古斯汀和伊丽莎白也到了纽约，他们经常发电报给邓肯，希望她加入他们。最后，邓肯终于决定去纽约。

医生陪邓肯到利物浦，送她搭上一艘开往纽约的轮船。

一路上，邓肯既悲伤又疲倦，白天几乎很少踏出舱房，只有晚上其他旅客都睡着时，她才会到甲板上徘徊。当船在纽约靠岸后，奥古斯汀和伊丽莎白来接邓肯，他们很惊讶邓肯的改变竟然如此之大。

邓肯的学校被移到一所别墅内，她又租下一间宽敞的舞室，在里面挂起蓝色幕布，重新展开工作。

从英勇地流着血的法国回来，邓肯很看不惯美国人对于战争的漠不关心。有一天晚上，邓肯在大都会剧院的演出结束后，又即席挥舞她红色的披肩，跳了一首《马赛曲》，想唤醒美国的青年们关注战争，为保护法国的文化出一份力。第二天早晨，各大媒体都详细地报道了这次演出，其中有一份报纸的部分内容是这样的：

伊莎多拉·邓肯小姐在节目结束后即席演出的《马赛曲》获得观众的热烈喝彩，观众起立为她鼓掌欢呼数分钟……她裸露着肩膀，姿态高贵，就像巴黎凯旋门上的那些古代雕像。观众们发出欢呼，赞叹她高贵的艺术。

邓肯的舞室又变成诗人和艺术家的聚会场所，从这一刻开始，邓肯拾回了自己的勇气，刚巧剧院有空档，她便将它租下一季，在里面继续创造她的"酒神"舞。

不过，剧院里俗不可耐的布置却令邓肯觉得厌恶。为了将它改成一座希腊式的剧院，邓肯将交响乐团的座席全部移开，在那里铺上蓝色的地毯，又用一些巨大的蓝幕布将那些丑陋的包厢遮起来。第一场演出，她用了35个演员、80个乐师和100个合唱者，演出悲剧《俄狄浦斯》，由奥古斯汀担任主角，邓肯和学生们则参加合唱的部分。

观众群中的很大一部分人都来自东部，当时的美国人中东部人算是真正喜爱艺术的。他们对邓肯的欣赏令她很感动，因此邓肯带着所有的学生和乐团到东部的剧院为他们做了一场免费的表演。假如不是因为经济问题，邓肯很愿意继续留在那里为那些心灵充满了音乐和诗篇的人演出。这次的演出开销实在太庞大了，邓肯几乎破产。她去求助纽约的一些百万富翁，却遭到了这样的质疑："你为什么只愿意演出希腊悲剧呢？爵士舞也是很好的艺术。"

那时候，整个纽约都陷入爵士舞的热潮，上流社会的男女老幼，全都聚在舞厅里，和着粗鲁的声音和黑人乐团的嘶吼声，快步地舞着。邓肯曾经几次被邀请参加这种盛会，但是这引起了邓肯的愤怒。她觉得此时法国很需要美国的帮助，美国却呈现出这样一片歌舞升平。1915 年的美国让邓肯很厌恶，她决定带学生回欧洲。

然而邓肯却没有钱支撑这段旅途，他们定了船，在起锚前三小时，邓肯仍然筹不到钱。这时突然有个年轻的美国妇女，穿戴整齐地来到邓肯的舞室，并且问邓肯那天是否要前往欧洲。

邓肯指着穿戴整齐的孩子们，告诉她，她们都已经准备好了，却没有钱买船票。

这位夫人问邓肯需要多少钱，邓肯说两千美元。然后，这位夫人掏出两千美元放在桌上，对邓肯说："我很高兴能帮助你，这是一点小意思。"

邓肯很惊讶，她确定自己以前从来没有见过她，她甚至不要邓肯开借据，便把钱借给她任意使用。邓肯猜想她很可能是一个百万富翁，但是后来，邓肯知道自己的想法是错误的。事实上，为了筹措这些钱，她在前几天卖掉了所有的股票和证券。

她和其他许多人一起来给邓肯送行。她的名字叫罗丝。罗丝说："这群人将来都是我的人，你们努力开创的路也是我所要走的路。"从此之后，她追随邓肯的态度一直没有改变。

当汽笛响起，轮船开始移动时，孩子们挥舞着暗中夹带的法国国旗，高唱《马赛曲》，离开了富庶而欢乐的美国。他们的第一站是意大利的那不勒斯，抵达那一天正是民心亢奋的时候，意大利决定退出同盟国，加入协约国，邓肯很高兴能回来，他们在乡间举行了一个宴会，邓肯还对一群围观的路人和农夫发表了演讲："感谢上帝赐给你们一个美丽的国家，你们不需羡慕美国，在你们蓝天覆盖下的美丽土地上长满了丰富的橄榄树和葡萄树，你们任何一个人都比美国的百万富翁还要富有。"

在那不勒斯时，她们讨论下一个目的地，邓肯很希望到希腊去，住在曾经住过的那座山上，一直到战争结束。不过这个主意却使得几名年长的学生感到很畏惧，因为她们持有德国护照。于是，邓肯决定暂时前往瑞士避难，在那里有举行一连串演出的可能。

为了这个目的，她们先前往苏黎世，住在一间旅馆里。那里同时还住了一个美国著名百万富翁的女儿，邓肯认为这是一个很好的机会，希望引起她对舞蹈学校的兴趣。因此，

176

一天下午，邓肯要学生们在草坪上为她跳舞。学生们的样子很可爱，她一定会深受感动，但是，当邓肯恳求她支持学校时，她回答说："是的，她们的确很可爱，不过我对她们不感兴趣，我只对自我分析有兴趣。"她已经追随弗洛伊德博士的著名学生荣格博士学习好几年了，她每天都要花几小时，将夜里的梦详细记下来。

这年夏天，邓肯搬到在乌希的一家旅馆。她的房间很漂亮，有一个可以看到湖景的阳台。邓肯租下了一个曾经是餐厅的地方，在四周挂上蓝色幕布，将它变成一间舞室，每天下午和晚上在里面教导学生跳舞。

每天早上，邓肯总能看到对面阳台上聚集了一群穿着丝质睡袍的男孩和她一样俯望湖景，其中一个年纪较大的似乎是他们的领导者——身材高大、金发、长得有点像王尔德。他们常常站在阳台上对邓肯微笑，有一天晚上还邀请邓肯和他们一起吃晚餐。邓肯发现他们是一群迷人而有才华的男孩，也是来此避难的，其中有一位长得很英俊，他是年轻的某公爵。

另一个晚上，他们带邓肯乘上一艘汽船，在月夜里徜徉在浪漫的湖上。船上洋溢着兴奋和香槟的气息。他们经常在清晨四点钟时在蒙特勒码头登陆，那里有一个神秘的意大利公爵，他总会为他们准备"四点钟的餐点"，这位公爵长得很英俊，不过流露出苍白文弱的气质，他白天都在睡觉，只有夜里才起来活动。他经常从口袋里拿出一个银色的注射器，然后在自己白皙瘦弱的手臂上注射一针，这时，其他人大都假装没有看到。注射完毕后，他的精神会变得很亢奋，不过，据说他白天过得很痛苦。

和这群愉快的年轻人在一起，邓肯心中那些哀伤和寂寞的情绪得到了疏解，然而，他们对女性魅力无动于衷的表现，却大大伤害了邓肯的自尊。

有一天晚上，邓肯单独由一位年轻的美国朋友，也就是他们的领导者陪伴，坐上一辆豪华车。这辆车在邓肯的怂恿下一直往前开，最后居然到了那不勒斯。

当邓肯在途中突然看见海时，便产生了一股极强烈的欲望，她很想再看一次雅典。

他们搭上一艘意大利的小汽船，第二天早上，邓肯发现自己登上白色的大理石阶前往膜拜庄严的巴特农神庙。对于上一次到这里的情景，邓肯还记得很清楚，她为自己这几年来在智慧和品性上的严重堕落，感到很惭愧。

他们抵达的这天，正是政治家维瑟尔斯下台的日子，城里一片骚动，人们议论纷纷，有人认为皇室很可能会倒向德国。那天晚上，邓肯举行了一个盛大的晚宴，客人中包括国王的大臣梅拉斯，邓肯在餐桌中央摆了一大盆玫瑰花，花下面暗地里放了一个小型留声机。在同一个房间里，还有一群从德国来的高级官员，突然间，从他们那边传来举杯高呼声："德皇万岁！"邓肯立刻将玫瑰花推开，打开留声机，里面传来《马赛曲》的声音，然后她举起酒杯，高喊，"法国万岁！"

国王的大臣面露惊愕，不过却显得很高兴，因为他忠诚地拥护英法联军。

这时候，有很多群众聚在窗前的广场上，邓肯高举着维瑟尔斯的照片，吩咐那个年轻的美国朋友拿着留声机紧紧跟着她，留声机里依旧唱着雄壮的《马赛曲》，他们走到广场中央，邓肯配着留声机的声音和群众的歌声跳着法国的赞美曲。然后邓肯又对群众热烈地说："维瑟尔斯是伟大的政治家，为什么你们要为难他？为什么你们不追随他？只有他才能帮助希腊完成富强。"

接着，她们又组成一个队伍走到维瑟尔斯家，站在他家的窗户底下轮流唱着希腊赞美诗和《马赛曲》，一直到士兵拿着刺枪不客气地将他们驱散。

结束这一段插曲后，邓肯觉得很高兴，他们乘船回到那不勒斯，继续之前的行程。

从那时候开始，一直到战争结束，邓肯都尽量设法使学生们能团聚在一起，心想战争结束后，她们便能一起返回贝勒维。但是战争持续不歇，邓肯不得不以高利向别人借钱，以便继续维持学校在瑞士的生计。

南美之行

1916 年，基于上述目的，邓肯签下一份前往南美演出的合同，出发前往阿根廷的首都布宜诺斯艾利斯。

当船经过纽约时，奥古斯汀不放心邓肯在战时单独到远方旅行，因此便决定陪她一起前往，他的陪伴使邓肯获得很大的慰藉。同船的还有一些年轻的拳击手，由泰德·刘易斯领队。他们在清晨六点起床后，就开始一连串的训练，然后在船上的海水游泳池里游泳。邓肯为了让身体更强壮一些，每天清晨和他们一起接受训练，晚上便为他们跳舞，这次的航行充满了欢笑，行程的遥远似乎也不那么在意了，这次陪邓肯一起旅行的钢琴师是莫里斯·杜梅尼尔。

布兰卡港是邓肯第一次到达的亚热带城市。这里气候温和潮湿，经常下着倾盆大雨，一片绿意盎然。当地的妇女走在街上时，常常穿着湿漉漉的棉布衣，好像根本不在意是否下雨，或者身上的衣服是干的还是湿的。他们在一家餐厅吃午饭时，她看到一个黑人男子和一个白人女子同桌吃饭，隔桌却是一个白人男子和一个黑人女子在一起。在一家小教堂里，有一些妇女抱着她们的黑白混血儿准备接受洗礼。邓肯还是第一次看到黑白种族能如此怡然自得地混合居住。

城市的街心花园里，开满了红色的木槿花，整个布兰卡港充满了谈恋爱的黑人和白人。

在他们抵达布宜诺斯艾利斯后的某天晚上，他们到一家学生俱乐部，那是一间充满了烟味的、低窄的屋子，里面挤满了黑人和黑白混血儿，全部都在跳探戈。邓肯从来没有跳过探戈，但是，年轻的阿根廷导游却极力怂恿邓肯下场试试看。在邓肯踏出第一个羞怯的脚步后，她的身体就随着这令人意乱神迷的音乐舒展开来，那种感觉就像在蔚蓝的天空下恋爱，更像在热带森林里危险又充满刺激性的冒险。当眼前一个青年用手臂牢牢地抱住邓肯，用那黑色而深沉的眼睛大胆地注视她时，之前提到的那种感觉更强烈地浮了上来。

突然间，邓肯被学生们认出来，并且被他们团团围住，他们告诉邓肯那一晚正是阿根廷获得自由的纪念日，他们要求邓肯跳出他们的国歌。邓肯为了使他们高兴，便答应了。他们对邓肯翻译了国歌的歌词，邓肯感受着歌词的内容和曲调里的感情，将他们在专制统治中受到的痛苦，以及解放后的自由淋漓尽致地舞出来。邓肯的舞蹈好像一股电流感染了他们。这群学生从来没有看过这种方式的舞蹈，热情地叫嚷着，并且要求邓肯一再重复，他们则在旁边附和着。

当晚，邓肯带着胜利很快乐地回到旅馆，她真是太喜欢布宜诺斯艾利斯了！可是，她高兴得太早了。第二天清晨，经理从报上读到了有关邓肯前夜轰动表演的报道，他气急败坏地跑来指责邓肯破坏了演出合同。布宜诺斯艾利斯的上流人士全部退回了预订票，并且宣称要联合抵制邓肯的演出。就这样，这一次令邓肯愉快的舞蹈经验却成了她在布宜诺斯艾利斯演出中的败笔。

邓肯参加这次旅行演出的主要目的就是想多获得一点资金以便维持学校的开销。当她接到一封电报，说寄去的钱由于受到战时的限制全部被没收时，我们可以想到她是多么惊慌失措。如果学生们付不出房租，一定会被房东赶出去，她们现在的处境又该是何等的困难。邓肯坚持要奥古斯汀带着资金立刻前往日内瓦解救学生们，却没有为自己留下足够的房租。此时，经理已经带着喜剧团前往智利演出，邓肯和钢琴师便被困在布宜诺斯艾利斯。

布宜诺斯艾利斯的观众对邓肯的舞蹈反应很冷淡，邓肯付不出旅馆的房租，只好把行李押在旅馆，继续前往乌拉圭的首都蒙得维的亚演出。

蒙得维的亚的观众和布宜诺斯艾利斯的观众完全不同，他们充满了几近疯狂的热情。之后，邓肯又继续前往里约热内卢表演。他们到达那里时，身无分文，也没有行李，然而市区剧院的负责人却很友善，立刻安排他们的演出，并开始售票。邓肯发现这里的观众很有鉴赏力，能够给优秀的艺术家最直接的鼓励。

邓肯在这里遇到一个诗人吉恩·里奥，他是全里约热内卢年轻人的偶像，因为这里的每一个年轻人都喜欢写诗。当他们并肩走在街上时，后头会跟着一群年轻人，大声喊着："吉恩·里奥万岁，伊莎多拉万岁。"

由于邓肯的钢琴师在里约热内卢很受欢迎，所以他不打算离开，邓肯只好自己一个人回纽约。这趟南美之行显得格外凄凉和寂寞，因为邓肯实在太思念她的学生了，先前和她同船的那些拳击手有几个也在这条船上，他们的这趟旅行也并不成功。

　　同船的旅客中有一位叫威尔金斯的美国人，总是喝得醉醺醺的，每天晚餐时，他都会说："将这瓶1911年的好酒送到伊莎多拉·邓肯的桌上。"引得旁人为之侧目。

　　当邓肯抵达纽约时，并没有人来接她，这很可能是因为战时通信困难，他们没有接到邓肯的电报。无意间，邓肯打电话给一位朋友阿诺德·杰瑟，他是一个魔术师，后来又迷上了摄影。他曾经替邓肯拍了许多照片，邓肯觉得那些照片拍出了她真实的灵魂。

　　他向来是邓肯的好朋友，当邓肯自己一个人孤零零地站在码头时，就想到要打电话给他，然而出乎意料，电话那头传来的并不是他本人的声音，而是一阵邓肯很熟悉的声音。那是罗恩格林的声音。他那天早上凑巧去看杰瑟。当他听说邓肯一个人在码头，既没钱也没朋友时，便立即答应马上来帮助她。

　　几分钟后，他抵达了，当邓肯再度看到他高大魁梧的样子时，心里泛起了一种安全和信任的感觉，邓肯很高兴能再看到他，他似乎也很快乐能再看到邓肯。

　　罗恩格林将邓肯的行李从海关领出来，然后带她到杰瑟的画室，之后三个人一同到河滨餐馆吃午餐。

　　这一餐的气氛很愉悦，他们很高兴能再度相聚，喝了不少香槟。午餐结束后，罗恩格林马上到大都会剧院接洽一次免费的公演，并且花了整个下午和晚上邀请每一个艺术家来参加这个盛会。这次演出是邓肯一生中最难忘的一次经验，全纽约的艺术家、演员和音乐家都悉数到场，邓肯很高兴演出时没有官员坐在包厢里，免掉了许多心理压力。当然在节目接近尾声时，邓肯仍延续之前的习惯，以《马赛曲》作为终曲，结果获得一阵对法国和联军的热烈喝彩声。

邓肯告诉罗恩格林，她叫奥古斯汀到日内瓦照顾学校的事，罗恩格林汇去了需要的资金，要奥古斯汀将学校迁到纽约来。不过，这些钱对邓肯的学校而言却是来得太迟了，学校里年纪较小的学生都已经被家长带回去了。这个牺牲了许多年的心血建立起来的学校已经面临解散。这令邓肯很痛苦，幸好奥古斯汀稍后带了六个年纪较大的学生回来，才使她得到一些慰藉。

罗恩格林在麦迪逊花园广场租下了一间大的舞室，邓肯和学生们每天下午都在那里练舞。纽约的冬天来临时，邓肯的健康状态每况愈下。罗恩格林提议到古巴旅行，他还派了他的秘书陪邓肯一起前往。

罗恩格林的秘书是一个年轻的苏格兰诗人。邓肯的健康情形不允许她做任何演出，所以他们就在哈瓦那的海边搭车兜风，享受如画的风景。

这期间，发生了一件让邓肯悲喜交加的事情。

距离哈瓦那约两公里的地方，有一处古老的麻风病院。不过，病院的围墙并不太高，因此可以看到许多怪异的面孔探头探脑。政府当局认为这所病院紧邻著名的避寒胜地，容易对当地的旅游业造成不利影响，所以决定把它迁走。但是，麻风病患却拒绝迁移，他们有的爬上门墙，有的爬到屋顶坚持不肯下来，还有人谣传有一些病患逃到了哈瓦那市区。对邓肯而言，这好像是一出恐怖剧。

邓肯对哈瓦那还有一个有趣的记忆，那是一个节日的夜晚，所有的酒店和咖啡馆里都挤满了人，他们依然到海边和草原兜风，之后便到一家咖啡馆，那时已经是凌晨三点钟了。他们在这里看到一些吗啡中毒者和吸食鸦片的人，以及一些酒精中毒者，还有其他各种生活糜烂的人。他们找了一张小桌子坐下，室内的天花板很低，灯光朦胧又乌烟瘴气，邓肯的视线被一个面色苍白、眼神灼热，似乎陶醉在梦里的男人所吸引，他修长的手指轻快地抚弄琴键，出乎邓肯的意料，他竟然开始弹奏肖邦的曲子，而且弹得出神入化。邓肯仔细倾听了一会儿，然后靠近他，他没有在意，依然像梦呓般喃喃自语。邓肯的行动引起了其他人的注意，不过她知道这里一定没有人认识她，所以也就大胆了些，她披上自己的披肩，指挥着那位钢琴师，一连跳了好几支曲子。逐渐地，这间小咖啡馆里的人都静了下来，当邓肯继续舞下去时，他们不但看得很专往，有些人甚至忍不住哭泣起来。那位钢琴师也似乎从吗啡的幻境中清醒过来，非常尽兴地为邓肯伴奏。

邓肯不停地舞着，直到天亮，当她要离开时，他们依依不舍地拥抱着邓肯，邓肯觉得这样的演出比在剧院中的表演更值得骄傲，因为这是没有经过剧院经理的帮忙或是广告宣传的成功的演出，更能真正地证明她的才华。

这件事后不久，邓肯便和诗人朋友一同搭船回到佛罗里达州，在棕榈滩上岸，邓肯在那里发了一个电报给罗恩格林，他立刻来旅馆找他们。

这时候，所有的朋友都以为邓肯已经忘记了过去，她的伤痛已经得到了抚慰，没有人知道，当她听到一个小孩子喊"妈咪"时，她的心好像被戳了一刀，全身不由自主地痉挛起来。这些惨痛的经验，使得邓肯渴望创造新生命、新艺术。

罗恩格林带了一位美国诗人柏西·麦凯一同到棕榈滩来。有一天，他们三人一起坐在阳台上，罗恩格林据邓肯的想法描绘出一个未来学校的蓝图，并且告诉她，他已经买下花园广场，以便作为建设学校的基础。

虽然邓肯对整个计划很热衷，但是，她并不赞成在战争中骤然展开这么庞大的计划，结果她的想法激怒了罗恩格林。他们回到纽约后，罗恩格林马上将购买的契约解除，一如当初冲动地买下它时一样。

回归家乡

1917年上半年，邓肯在大都会剧院表演。那时候她和其他人都相信世界要趋于解放、自由和复兴，必须取决于协约国军队的胜利，所以邓肯在每场演出的最后，都以《马赛曲》作结。这期间，罗恩格林曾为邓肯举行一次宴会，一开始先是一顿晚餐，然后再继续进行舞蹈，最后还有一个精心组织的餐会。在这个宴会上，他送给邓肯一条非常美丽的钻石项链，邓肯平常很不喜欢珠宝，而且从来不戴首饰，不过，罗恩格林似乎很高兴，因此，邓肯便允许他将项链戴在她的颈子上。将近黎明时，大家都喝了不少香槟，变得很兴奋，邓肯突发奇想要跳探戈。她找了一个年轻的男孩当舞伴。罗恩格林对这件事很愤怒，宴会结束后，他突然不告而别，留下一大堆旅馆的账单和学校的经费让邓肯独自处理。经过多次的求助无门后，邓肯将那条钻石项链送到当铺，从此她再也没有见过它。

夏季末，邓肯身无分文，流落在纽约，她身边只有罗恩格林送的一件银貂大衣，以及他从一位印度王子手中买来的一颗上等翠玉。邓肯将这两件东西卖掉，然后在长滩租了一栋别墅避暑，并且将她的学生全部带到这里，等待演出的机会。

这个夏季，邓肯在别墅中照常款待许多艺术家。别墅里不时洋溢着欢乐。她们没有舞房，便在海滩上跳舞。从这件事上，我们可以看出，邓肯是很没有理财意识的，她一旦有钱后，就马上搬到别墅里，很少考虑以后的事情。

夏日结束后，邓肯返回纽约，这时候她已是山穷水尽了。好在她接到了一个合约前往加州表演。

从邓肯第一次背井离乡，出外奋斗，到现在已经整整22年没有再踏入旧金山一步，那种近乡情怯的心情我们可以想象得到，这里经历了 1906 年的大地震后，市容已经完全改变，邓肯对眼前的一切都觉得很陌生。

在旧金山的哥伦比亚剧院里，许多观众都对邓肯的舞蹈很赞赏，但是，邓肯并不满意。她希望能为广大中下层的百姓表演舞蹈，然而当她为了这个理由和剧院接洽时，却遭到拒绝。在旧金山，邓肯又再度和母亲重逢，自从她回国后，邓肯已经有数年未曾和她见面。母亲看起来非常苍老，当她们一起到餐厅吃饭时，邓肯注视着镜中的两个人影，几乎无法揣摩出这两个憔悴的身影在 22 年前曾经怎样怀着高度的期望冒险出外寻求声名和财富。如今两者都有了，为什么心里却觉得如此悲哀呢？世界上的很多事情仿佛总是与心愿相违背。邓肯曾经遇到过许多伟大的艺术家，聪明的以及所谓成功的人，然而却没有一个人过得快乐。纵然他们表面上假装过得很愉快，私下却仍然有一种不安和痛苦的情绪。也许在这个世界上，真正的快乐并不存在，如果有的话，也是转瞬即逝。

在旧金山时，邓肯还遇到一个音乐心灵上的志同道合者——钢琴家哈罗德·鲍尔。他告诉邓肯，她更适合当一个音乐家而非舞蹈家，虽然她的舞蹈能激起他对巴赫、肖邦和贝多芬的作品更深一层的了解。他们在一起相处了几个星期，领略到艺术上的完美合作，他的很多见解帮助邓肯思考到许多先前忽略的细节。

哈罗德生活的多姿多彩远超出一般人，他并不像其他的音乐家，只局限在音乐领域里，他还精通各种艺术，而且对于诗歌和深奥的哲学理论也都有涉猎。当两个对艺术都怀有高度理想的人碰到一起时，那种感觉便像是不饮自醉。在一起的许多天里，他们没有饮酒却仿佛坠入了沉醉里，全身的每一条神经都战栗着，不断地激起创作的渴望。

他们曾经一起在旧金山的哥伦比亚剧院演出，邓肯觉得这是她艺术生涯中最快乐的一件事，和哈罗德相遇使她再度领略到一种欢畅的光彩，这种光彩源于和一个高超心灵的沟通。邓肯一直期待他们能够继续合作，而且可以尝试发展一种表现音乐的新组合方式。不过，因为一些客观的环境因素，他们的合作终究还是步入了戏剧性的结局。

这期间，邓肯还和一位著名的作家兼乐评家雷德芬·梅森建立起一段友谊。

哈罗德离开旧金山后，他成了邓肯最好的朋友和安慰者。

旧金山的观众虽然很欣赏邓肯的舞蹈，但是他们却不支持邓肯创立一个舞蹈学校的想法，这令邓肯很沮丧。当时的旧金山已经有很多模仿邓肯的舞者和学校，他们认为这些已经足够了，而且他们怀疑邓肯的舞蹈学校很可能会造成灾害。那些模仿者剽窃了邓肯作品中的"和谐和美丽"的一部分，尽量表现出类似糖浆般的甜蜜，却删掉其中严肃的部分，事实上，那些才是邓肯作品里的真正意义。

邓肯很久以前读到惠特曼的诗时，就萌生一种幻想——美国人能创出一种独特的舞蹈，而且能完全吻合惠特曼所听到的美国之歌。

当她听到别人称她的舞蹈是希腊式时，邓肯就觉得很好笑，但是也有一点辛酸，她的舞蹈起步于旧金山连绵不断的海岸，起源于落基山优美的弧线，后来，又从惠特曼那里汲取了很多心灵上的理念。这些精神全部加起来

惠特曼

便是邓肯散布于世，被世人称为希腊舞蹈的原来精髓。

邓肯经常怀疑美国是否会出现一位作曲家，听得到惠特曼的美国之歌，而且能为真正的美国舞蹈谱出适当的音乐，那应该是表现心灵深处，能够上升与天空的星辰同列的旋律，一如美国的国旗精神。她祈祷年轻的美国作曲家能够为舞蹈创造一种音乐，这种音乐将能表达出沃尔特·惠特曼以及亚伯拉罕·林肯理想中的美国。

邓肯觉得有些人认为爵士乐能够代表美国的精神，实在是一件很荒谬的事。爵士乐表现出来的只不过是一种原始的情操。还没有一个作曲家能够抓住美国音乐的精髓——它的内容过于庞大，不太容易把握住。然而，有一天，它将会从

地层迸发出，从巨大的苍穹宣泄而下，这种音乐使混乱趋于和谐，这是一种激昂而升扬的动作，将会越过埃及的金字塔、希腊的巴特农神庙，超越所有文化曾经表现过的美感。

这种舞蹈将不包含芭蕾舞的矫揉造作，或是黑人舞蹈的性感。邓肯已经能清晰地看到这种舞蹈，它一只脚屹立在落基山的最高点，两只手从大西洋伸到太平洋，头顶着天际，全身闪烁着万丈光芒。

邓肯希望孩子们能受到不一样的舞蹈教育，与其让他们屈膝跳那些繁杂的小步舞、旋转舞，或者那种故作细腻的华尔兹，不如让他们抬头挺胸，蹦蹦跳跳，伸展自己的手臂，跳出祖先拓荒的精神，或是性格中的公正、友善、纯洁，以及所有源自母亲温和的爱。让美国的儿童按这种方式跳舞，将会使他们成为美丽的形象，真正符合伟大民主国家的名义。

这才是真正的美国舞蹈。

战火消弭

邓肯停留在美国的最后几个月里，遥远欧洲的俄国发生了一件惊天动地的大事：十月革命胜利了。邓肯对平民取得这样的自由和解放，感到很高兴。她穿着红色的舞衣，不断地跳着革命曲，想要唤醒那些被压迫的民族。

不能建立学校的困境和那些孤独、悲痛和失望的情绪使得邓肯想要回到巴黎。那时候，邓肯的朋友玛丽刚从欧洲回到美国，并且打电话给邓肯，邓肯将自己的困境告诉她，她刚好有一个叫塞尔弗里奇的朋友第二天要到欧洲去，她可以请求他带邓肯一起回欧洲。

邓肯很高兴地接受了这个建议，第二天早晨便搭船离开美国。但是，不幸的事却紧紧跟随她，由于战争的关系，晚上甲板上不能开灯，邓肯在船上的第一晚到甲板上散步，失足跌入一个 15 米深的缝隙，伤势颇为严重。塞尔弗里奇将自己的舱房让出来供邓肯使用，并且很和气地照顾她。

在邓肯眼中，塞尔弗里奇是一个实事求是的男人。和邓肯过去认识的那些艺术家和梦想家完全不同，他的生活极为正常，他滴酒不沾。这让邓肯很惊讶，因为她无法想象一个人能从自身的生命里得到乐趣，对她而言，生活只能寄托于艺术和爱情，在未来中寻求一种短暂的快乐。但是塞尔弗里奇却能从实际的生活中找到乐趣。

抵达伦敦后，邓肯的伤仍然没有痊愈，又没有钱到巴黎去，于是便租了一间房子暂时安身，并且分别发了许多电报向巴黎的朋友求助。不知是不是由于战争的缘故，并没有得到任何回音。邓肯在那间灰暗的屋子里过了数星期忧愁的日子，她几乎已到了山穷水尽的地步，孤独地生着病，身无分文，学校解散了，战争的结束遥遥无期。她经常在晚上坐在黝黑的窗旁，望着外面的空袭，盼望有一颗炸弹能掉在她身上，这样就可以结束所有的烦恼。这时候的邓肯，自杀的欲望很强烈，脑海里不时浮起这个念头，但是又总有某种力量将她及时拉回。在绝望中，邓肯发电报给罗恩格林，也没有得到任何回音。某位经理为邓肯的学生安排演出，她们以伊莎多拉·邓肯的舞蹈团的名义在美国演出，赚到的钱却没有分文寄来给她。邓肯发现自己的处境愈来愈窘迫。直到后来的一次偶然机会，她遇到一个法国大使馆的工作人员，将她带回了巴黎。

到巴黎之后，邓肯暂时在旅馆租了一个房间，并且立即外出借钱。

每天清晨五点钟左右，炮声将沉睡的人们惊醒，恐怖的一天就这样开始了。在这一天中，前线会传来许多可怕的消息。夜以继日地充斥着死亡、流血和屠杀，以及空袭的警报声。

这段时期中，邓肯比较愉快的一个记忆便是有一天晚上在一个朋友家遇到一位"空军英雄"格洛斯，他弹着肖邦的曲子为邓肯伴奏，并且陪着她散步回旅馆。那时候刚好又赶上空袭，他们抬头看看上方，然后邓肯在轰炸中为他翩翩起舞，他坐在喷泉旁边为她鼓掌，他忧郁的眼睛反射出掉落在身边的炸弹的熊熊火光。之后不久，这位英雄离开了这个世界。

这段日子的步调过得极为缓慢、枯燥。邓肯想过去当护士，然而她没有丝毫救护经验，加入了也只是徒劳无益，于是，她继续将注意力放在艺术工作上。

这时，她的身边出现了一个天使，那就是钢琴家拉梅尔。

当他走进邓肯的房间时，邓肯怀疑年轻的李斯特从画像里复活了。他高高瘦瘦，额前覆着一缕光泽的卷发，眼睛深邃地盛满光彩。他为她伴奏，邓肯称他为"天使长"。他们在剧院大厅跳舞，当爆炸声和战争的新闻不断响起时，他为邓肯弹奏李斯特的《在荒原中冥思上帝》《圣弗朗西斯对鸟儿的谈话》，邓肯受到他弹奏的鼓舞，也不断创出新的舞蹈，舞出所有的祝福、甜蜜和光明，她的生命再度充满活力，倾倒在他手指下流泄出来的仙乐里。

没有人能够和天使长一样演奏出李斯特曲子的奥妙，因为他具有幻觉的力量，能够看出曲谱外的真正意义。

他非常温柔又甜蜜、热情，他尽情地弹奏，他的精力为之耗尽，他的精神也不断起伏。他并不像其他年轻人一样，让天生的热情流露出来，相反地，他极端厌恶自己那种无法抗拒的澎湃热情。他就像一个在焦热的煤块上跳舞的圣者。爱上这种男人是一件既危险又困难的事，因为他很可能将对爱情的憎恶转为厌恶对方的情绪。

1918 年，当夏意渐浓时，他们到南方寻找一个避难所，后来在靠近菲勒角附近的圣杰恩港找到一家荒凉的旅馆，他们将宽敞的停车房改装成舞室，天使长在里面夜以继日地弹奏神仙般的音乐，邓肯则配合音乐不断起舞。

邓肯觉得自己那时拥有的时光很幸福，身边围绕着天使长的欢笑和大海的环绕，她完全沉浸在音乐领域里。

两人经常外出为那些受伤或不幸的人举行音乐会，但是大多数时间，他们都单独在一起，享受音乐和爱情。

他们在这里住了很久，直到 11 月，宣布停战后，才又回到巴黎。

最后一次雅典之行

战争结束了，邓肯和天使长携手前往贝勒维，他们发现那里的房屋已经完全倾圯了，几星期后，他们重建房屋的企图宣告失败。

最后，他们将这栋房子卖给了法国政府，改装成毒气工厂，以防备下一次战争。邓肯亲眼看到她的这座殿堂变成医院，现在又不得不沦为战争用的工厂，邓肯的惋惜和无奈我们可以想见。

当房子卖掉，钱存进银行后，邓肯买了另一栋房子，这是贝多芬从前住过的房子，她将舞室设在这里。

天使长是一个相当体贴的伴侣，他似乎完全明白邓肯心中的痛苦。每当她彻夜无眠的时候，他总是用闪亮怜悯的眸子注视着邓肯，使邓肯的心灵获得不少抚慰。

在舞室里，他们的艺术完美地结合在一起。他是第一个将李斯特的作品完全融入邓肯心灵的人，他们将他的音乐编成许多表演曲。在贝多芬这间宁静的音乐厅里，邓肯也开始研读一些壁画。

他们在这里度过了许多美好的时刻，他们的精神被一股神秘的内在力量紧紧结合在一起，当邓肯跳舞时，他便为她伴奏，邓肯高举着手臂，她觉得自己的灵魂从躯体内超脱而出，他们的精神似乎完全融合在一起，邓肯的舞姿朝向无垠的天空舞动，而上方似乎也传来一阵遥远的回音。

这之后，两人一起演出时，观众似乎也能感觉出那种结合的力量，剧院总是弥漫一股奇特的气氛。生活稍安定一点，邓肯便又想起了她的学校，她发电报到美国，希望学生们能回来。

当他们回来后，邓肯又找了几位可靠的朋友，希望他们能和她一起到希腊建一所学校。

在前往希腊的途中，邓肯的一个女学生与她的天使长坠入爱河。她曾经梦寐以求完成理想的地方成了一段爱情的终点。

抵达雅典后，学校的事进行得很顺利，维瑟尔斯很慷慨地将一栋房子交给邓肯使用。她们在这里有自己的舞室，每天清晨邓肯便和学生开始工作，她不断地鼓舞她们，希望她们能舞出巴特农神庙的圣洁。邓肯还计划训练一千名儿童，以便在竞技场上庆祝酒神节。

学生们在美国生活时，曾经感染了一些世俗的习性，这一点令邓肯感到不快。但是她们受到雅典圣洁的天空，以及四周山海美景和伟大艺术的熏陶，在不知不觉中摒弃了那些习性。

邓肯回到原来居住了一年的山上,从前建的房子已经倾圮不堪了,偶尔有一些牧羊人住在那里放牧山羊。邓肯希望将房子重建起来。重建的工作很快开始进行。堆积成年的废物都被清扫而光,一位年轻的建筑师负责这个工程,很快将门窗、屋顶搭建起来。邓肯在高而宽敞的客厅里铺上一块大地毯,还运来一架大钢琴。每天黄昏,当夕阳散发出多彩的余晖,海面上映着金色的晚霞时,她便带着学生们在这里翩翩起舞,天使长弹着各种伟大而带有神韵的音乐,有巴赫、贝多芬、瓦格纳和李斯特的作品。在凉爽的傍晚,她们都戴上从卖花少年那里买来的白茉莉花冠,慢慢地走到海边散步。

当邓肯看到天使长和她的学生的恋情与日俱增时,一种可怕的痛苦不断啃噬她,虽然她极力控制自己,但愤恨在心中翻搅,有时候她几乎快失去理智,萌生杀人的念头。

有一天黄昏,邓肯看到她的天使长和她的学生四目相遇,眼底燃烧的热情就如同夕阳般亮丽。这幕景象,使邓肯全身不自主地痉挛起来,心里翻腾的欲望令她自己都感到害怕。她转过身子朝向山坡,整夜在山间游荡。她知道自己被一种可怕的情绪纠缠住,她热爱他们,同时却又痛恨他们,这感觉让邓肯忽然间很能体会并同情那些因爱生恨而杀死爱人的人。

为了避免自己濒于这种不幸,邓肯带了一部分学生和她的画家朋友爱德华·斯德齐一同到卡尔基斯去。然而,这种时候,即使是全希腊的光辉也不能驱除邓肯内心的阴霾,她的脑海里不断闪出他们两人在雅典热恋的样子，嫉妒的情绪就像酸液一样腐蚀邓肯的理智。回去的途中，邓肯又想起他们依偎在阳台上的亲密样子，焕发出年轻人热情的光辉，她的心忍不住抽痛起来。

撇开这些事情，邓肯每天仍然教授学生们舞蹈，并继续进行在雅典建校的计划，学校的前途似乎充满了希望，维瑟尔斯对邓肯的计划很支持，雅典的民众也很热心。

有一天邓肯和学生们被邀请参加竞技场里举行的大会，以庆祝维瑟尔斯和年轻的国王执政。当时大约有五万名民众和全希腊的教会人士参加这次大会，当维瑟尔斯和年轻的国王来到竞技场时，会场响起了一片热烈的欢呼，教士们都穿着织锦的长袍，在阳光的照耀下金光闪闪，一片令人眼花的景象。

当邓肯穿着柔软的古希腊短裙进入会场时，后面跟了一群美丽的学生，这时梅拉斯高兴地走上前，为邓肯戴上一顶桂冠。

邓肯恰在这时看到了天使长与他的爱人十指紧扣的手。她立刻抑制住自己的激动，想到未来伟大的远景，试着宽恕他们。

之后的日子，邓肯每天照常教授舞蹈课程，在山里长途步行、在海里游泳，有时也借酒浇愁。

这时，希腊的政局发生了变动。年轻的国王被一只野性大发的小猴子咬伤了。

一连数天，他都在生死边缘徘徊，后来，政府宣布了他的死讯，由于他的死亡，希腊再度陷入内乱，维瑟尔斯和他的政党又被推下台，邓肯也被迫离开希腊，她和她的学校成了政治斗争的牺牲者。雅典建校的理想破灭了，一行人搭船经由罗马回到巴黎。

1920年这最后一次雅典之行，给邓肯留下了很痛苦的回忆。回到巴黎后，她又有了新的苦恼，她的天使长终于和她的学生分手，但是他们却离她而去，虽然邓肯觉得这件事里她才是唯一的受害者，然而她的学生似乎很不谅解她，她认为邓肯在故意和她作对。

最后，邓肯又一个人回到贝多芬的那座房子里，当她看到房子里为天使长所做的种种准备时，内心的绝望真是无以复加。她无法再忍受这座房子，她渴望离开这里，甚至离开这个世界。

诗人的爱情

1921年春天，邓肯接到一封苏俄政府寄来的电报，电文如下：

只有苏俄政府能够赏识你，到我国来，我们将帮助你创立学校。

邓肯答应了苏俄政府的邀请，她决定从泰晤士河搭船离开伦敦前往俄国，再到莫斯科。

　　在她离开伦敦前，她曾去找一个算命师看相，算命师说："你将有一次长途旅行，你会遇到许多奇怪的经验，遭到许多麻烦，你将结婚。"

　　一听到"结婚"两个字，邓肯便笑着打断了她的话。那是邓肯一向最不屑的，她怎么可能结婚？可算命师却肯定地说："等着瞧吧。"

　　在前往苏俄的途中，邓肯觉得自己的灵魂已经发生了蜕变。她觉得自己将永远脱离欧洲式的生活。她相信的确有理想的境地，就像柏拉图、马克思、列宁梦想的一样，她也相信这种理想已经奇迹似的存在于世界上。在欧洲推行艺术理想，给邓肯带来了太大的困扰，使她心灰意冷。那么，不同的土壤，不同的文化，也许理想能够结出丰硕的果实。

　　当船渐渐往北行时，邓肯带着轻蔑和怜悯的心情回头望望她已经远离的社会结构古老的欧洲，她觉得从此以后，自己将融入平等关怀的世界，在这个世界里，她将实现自己的理想。

　　当船抵达时，邓肯的心忍不住快乐地悸动，眼前美丽的新世界已经被创立起来。她满怀希望地步入这个世界。

　　苏俄政府实现了之前对邓肯的所有承诺，邓肯在这里得到了很好的对待，她经营自己的舞蹈学校，在剧院里演出，日子过得十分愉快。

1921 年 11 月 7 日，苏联"十月革命"四周年纪念日，莫斯科大剧院里座无虚席。舞台上，邓肯身着红衣，身段迷人，她那优美娴熟、富有艺术想象力和创造力的舞姿，以及那充满热情的、具有青春活力的出色表演，给观众留下了深刻的印象。观众席上不时爆发出一阵又一阵热烈的掌声。

观众席的一角有一位模样英俊、举止潇洒的青年男子。他那平时显得有些忧郁的蓝眼睛里闪着一种异乎寻常的光芒，他完全被邓肯的出色演出所征服。这个青年男子就是苏联当时著名的抒情诗人叶赛宁。

演出结束后，叶赛宁和邓肯相识了。

邓肯曾经读过叶赛宁那些美丽的抒情诗。如今见到这位诗人竟是这样年轻英俊，她被迷住了。叶赛宁也被邓肯身上那种独特的美丽所倾倒，他们一见钟情，很快陷入热恋中。

叶赛宁当时只有 26 岁，而邓肯已经 43 岁。两人又语言不通，叶赛宁不懂英语，邓肯不懂俄语，彼此没有可以直接交谈的语言。

然而，这一切并不妨碍他们如痴如狂的热恋。虽然语言不通，但彼此都能从对方的身上和眼睛里感受到一种特别的强烈的爱。更重要的是，他们似乎仅凭直觉就知道对方在想什么。

不久之后，就像邓肯离开伦敦之前那个算命师说的那样，他们结婚了。

婚后，邓肯被邀请到欧美做巡回演出。1922 年 5 月，叶赛宁和邓肯一起出发，踏上了去欧美的旅途。

邓肯这次旅行的计划是，先到德国，然后经由意大利、法国、比利时，最后到达美国。

叶赛宁作为一个年轻的富有才华的诗人，在欧洲也很有知名度。他们所到之处，受到人们的热烈欢迎。然而，一个受到社会主义教育的人，面对欧洲种种社会主义批判的现象，不免产生反感和不满。

这次旅行生活彻底暴露了邓肯和叶赛宁之间在各方面的严重差异，他们为时不久的爱情和婚姻面临着危机。

车祸身亡

叶赛宁和邓肯之间的爱情只有艺术这个基础，在出身、教育、年龄、性格等很多方面他们都差距甚远。恋爱初期的甜蜜和兴奋自然可以掩盖这一切，但那之后呢？接触和了解越深入，他们就越清晰地发现彼此之间的鸿沟是多么的不可逾越。诗人是"忧郁"的，而舞者是"快乐"的，这样明显缺乏和谐一致的性格注定了他们的不能长久。更何况，他们之间还有很严重的语言障碍，两个人交流思想感情只能借助于手势和代名词。最终的分手是一种必然。

邓肯非常伤心，她的第一次鼓起勇气的婚姻最后却只能以悲剧收场。

1925 年 3 月初，在一个家庭晚会上，叶赛宁认识了俄国著名作家列夫·托尔斯泰的孙女索菲娅。他闪电般地爱上了这位豆蔻年华、血统高贵的美貌女子。半年后，他们结婚了。但是他们婚后的生活并不幸福，叶赛宁感到压抑和束缚，他在给朋友

邓肯墓

的信中说："我所期待和希望的一切都幻灭了……看来，这个家给我的并不是轻松和快乐。"不久后，他就离开了莫斯科的新居，去了高加索一带。12 月 28 日凌晨，叶赛宁在旅馆的房间里自杀了。

邓肯收到叶赛宁自杀的消息后，十分吃惊，但是她也想到了这是一种必然，她在巴黎的各家报纸上发表了一封唁电：

> 叶赛宁悲惨的死给我带来了巨大的悲痛……他的
> 精神将永远活在俄罗斯人民和所有爱好诗歌的人们心
> 中……

1927 年，邓肯在法国尼斯和一群朋友聚会，聚会结束后，她在大街上穿过时，由于精神恍惚，长围巾脱落，被卷进汽

车轮子。虽然汽车立即停住，但她的颈骨已经骨折，最后不治身亡。

葬礼上，她的棺木上覆盖着她演出《丧礼进行曲》时穿的紫色斗篷、一面美国国旗和一束大红的菖蒲花。火化后她的骨灰被安葬在巴黎拉雪兹公墓，和她的孩子们在一起。